Prüfungstraining für Bankkaufleute

Achim Schütz

Kundenberatung

Erfolgreich durch die mündliche Prüfung
Herausgegeben von Josef Ullinger

8. Auflage

 Springer Gabler

Achim Schütz
Göttingen, Deutschland

Prüfungstraining für Bankkaufleute
ISBN 978-3-658-14878-2   ISBN 978-3-658-14879-9 (eBook)
DOI 10.1007/978-3-658-14879-9

Die Deutsche Nationalbibliothek verzeichnet diese Publikation in der Deutschen Nationalbibliografie; detail-
lierte bibliografische Daten sind im Internet über http://dnb.d-nb.de abrufbar.

Springer Gabler
© Springer Fachmedien Wiesbaden 2002, 2003, 2004, 2007, 2008, 2010, 2012, 2016

Gedruckt auf säurefreiem und chlorfrei gebleichtem Papier

Springer Gabler ist Teil von Springer Nature
Die eingetragene Gesellschaft ist Springer Fachmedien Wiesbaden GmbH

Vorwort zur achten Auflage

In den vergangenen Jahren wurde die Bankenbranche insbesondere von den Begriffen Regulatorik, Digitalisierung und Niedrigzins stark geprägt. Diese Umstände haben Ausstrahlungseffekte auf die tägliche Beratungspraxis und damit hohe Relevanz für Ihre mündliche Prüfung. Die Änderungen ziehen sich wie ein roter Faden durch weite Teile der Prüfungsfälle und verdienen – neben den punktuellen Anpassungen – bei der Aktualisierung besondere Beachtung.

So zählen zu den wichtigsten gesetzlich/ regulatorischen Anpassungen die geänderten Anforderungen an die Beratungsdokumentation und Beratungsprotokolle oder auch die erhöhte Anforderungen an die Bereitstellung vorvertraglicher Informationen. Des Weiteren ergaben sich steuerliche Veränderungen oder auch die verbindliche Einführung das SEPA Verfahrens.

Darüber hinaus erhält die Digitalisierung, mit neuen Technologien und Endgeräten immer stärkeren Einzug. So greifen Global Player der Technologiebranche als auch kleine, innovative StartUps – so genannte FinTechs – die etablierten Institute mit neuen Produkten und Dienstleistungen an. Die Branche antwortet mit Finanz-Apps für Smart-Phones, mobilen Zahlungsverkehrsangeboten oder neuen Produkten wir paydirekt, die in den Prüfungsfällen Berücksichtigung finden.

Vor diesem Hintergrund wurde es auch Zeit dem Onlineservice ein neues Gesicht und einen frischen Anstrich zu geben. Sie finden das überarbeitete Angebot nun unter *http://www.bm-consult.de*.

Wie noch nie stehen die Institute wegen der Niedrigzinsphase vor einem enormen Margendruck. Daher verändern sich Argumentationen und auch der Schwerpunkt in den angebotenen Produkten. Kundeninteressen verschieben sich von klassischen Spareinlagen hin zu Fonds und Alternativen wie z.B. Industrieanleihen. Im Kreditgeschäft geht der Trend zu langen Zinsfestschreibungen mit erhöhten Risiken am Ende der Laufzeit. Auch diesen Punkten trage ich so gut als möglich Rechnung, ohne die im Lehrplan geforderten klassischen Inhalte aufzugeben.

An der einzigartigen Struktur der Fälle und der lange bewährten KIV-C-Formel hat sich selbstverständlich nichts geändert, sodass Sie nach wie vor optimal strukturiert und vorbereitet in die Prüfung starten werden. Also viel Erfolg!

Göttingen, im Juni 2016   Ihr Achim Schütz

Vorwort zur vierten bis zur siebten Auflage

Seit etlichen Jahren hat sich das Buch „Kundenberatung – erfolgreich durch die mündliche Prüfung" bewährt und sehr gut etabliert. Das Feedback der Prüflinge, Lehrer und Praktiker zeigt mir, dass das Buch inhaltlich und methodisch auf die mündliche Abschlussprüfung in idealer Weise vorbereitet und auch in der täglichen Praxis wertvolle Dienste leistet.

Nichtsdestotrotz muss Gutes immer noch besser werden, damit Sie die harten Anforderungen der Prüfungssituation mit dem idealen Handwerkszeug meistern. Daher habe ich mich entschlossen die Beobachtungen aus der Prüfungspraxis in die vierte Auflage dieses Buches einfließen zu lassen. Neben den obligatorischen Aktualisierungen habe ich daher auch eine methodische Erweiterung des Buches vorgenommen.

Aus mannigfaltigen Beobachtungen in der Prüfungspraxis hat sich herauskristallisiert, dass etliche Prüflinge Probleme haben:

- zum Prüfungsfall passende Cross-Selling-Ansätze zu finden oder gar
- überhaupt Cross-Selling-Potenziale zu erkennen

Aus diesem Grund habe ich die bewährte KIV-Formel (**K** ontaktphase, **I** nformationsphase und **V** erkaufsphase) im Bereich Cross-Selling erweitert. Die Erweiterung unterstützt Sie dabei, die Vernetzung zwischen den einzelnen Kundenbedürfnissen und damit das Aufzeigen von Cross-Selling-Potenzialen zu erkennen und zu nutzen.

Selbstverständlich bilden die beliebten und bewährten Prüfungsfälle mit verkäuferischen und inhaltlichen Lösungsansätzen nach wie vor den Kern des Buches. Für eine noch effizientere und vor allem erfolgreiche Prüfungsvorbereitung sind die Weichen gestellt.

Ich wünsche Ihnen viel Spaß beim Lernen und natürlich nur das Allerbeste für Ihre mündliche Prüfung!

Göttingen, im Mai 2012   Ihr Achim Schütz

Vorwort der ersten bis dritten Auflage

Seit dem 1. August 1998 ist nun die neue Prüfungsordnung im Berufs-
bild Bankkaufmann / -frau in Kraft. Seither hat sich gerade im Prüfungs-
teil Kundenberatung einiges verändert. Um Sie für die bevorstehende
Prüfung fit zu machen, habe ich dieses Buch verfasst. Es soll Ihnen
helfen, Ihre Prüfung systematisch vorzubereiten und Ihr Verkaufsgespräch klar zu strukturieren.

Um Ihnen alle Trümpfe zum erfolgreichen Bestehen der Prüfung an die
Hand zu geben, ist das Buch in drei Bereiche aufgeteilt:

- Der erste Teil des Buches zeigt Ihnen ganz allgemein, wie die
  mündliche Prüfung abläuft, was Sie in Ihrer Prüfung beachten sollten und wie Sie ein Kundengespräch idealerweise aufbauen und
  führen.

- Da es aber mit dem Wissen um den Aufbau und das Führen eines
  Gespräches allein nicht getan ist, hilft Ihnen der zweite Teil des
  Buches, wie Sie Ihren konkreten Fall in den Griff bekommen, sich
  mit System so vorbereiten, dass nichts mehr schief gehen kann.

- Im dritten und letzten Teil des Buches wird Ihr Wissen aus den
  beiden ersten Bereichen angewandt und vertieft. Sie werden anhand praktischer Fälle, wie sie Ihnen auch in der Prüfung begeg-
  nen können, Ihr verkäuferisches Geschick schulen und mit Fachwissen kombinieren. Sie werden lernen, wie Sie Problemsituatio-
  nen erfolgreich meistern und schließlich als strahlender Sieger aus
  der Prüfung hervorgehen.

Nachdem Sie die verschiedenen Kapitel dieser Lektüre durchgearbeitet
haben, sind Sie für den Ernstfall bestens gerüstet.

Für all diejenigen unter Ihnen, denen sicher aber nicht sicher genug ist,
steht zusätzlich noch der kostenlose Onlineservice im Internet unter
http://www.bm-consult.de rund um die Uhr zur Verfügung. Dort erhalten
Sie unter anderem zusätzliche Informationen und Downloads, die Ihnen
helfen, mit Klassenkameraden gemeinsam Praxisfälle zu üben.

Nun aber genug der Worte, schließlich ist eine Prüfung mit Erfolg zu
bestehen. Darum machen wir uns nun gemeinsam auf den Weg: „Erfolgreich durch die mündliche Abschlussprüfung".

Denn eine gute Note, das ist unser Ziel.

Ensdorf, im März 2004   Ihr Achim Schütz

Inhaltsverzeichnis

Abkürzungsverzeichnis

AG	Aktiengesellschaft
BWA	Betriebswirtschaftliche Auswertung
CIF	Cost Insurance and Freight
DIHK	Deutscher Industrie- und Handelskammertag
Dispo	Dispositionskredit
FA	Freistellungsauftrag
GmbH	Gesellschaft mit beschränkter Haftung
H	Haben
IHK	Industrie- und Handelskammer
IHS	Inhaberschuldverschreibung
INCOTERMS	International Commercial Terms
Kto.	Konto
KI	Kreditinstitut
Lfd.Nr.	laufende Nummer
Lfz.	Laufzeit
LV	Lebensversicherung
Mon.	Monate
mtl.	monatlich
NV-Bescheinigung	Nichtveranlagungs-Bescheinigung
PKW	Personenkraftwagen
PIN	Persönliche Identifikationsnummer
S	Soll
S.	Seite
SCHUFA	Schutzgemeinschaft für allgemeine Kreditsicherung GmbH
Soli.	Solidaritätszuschlag
St.	Stück
USD	US-Dollar
VL	vermögenswirksame Leistung

ALLGEMEINES

Das Fach Kundenberatung

Es ist also soweit. Ihre Ausbildungszeit neigt sich dem Ende zu und die Spannung vor der Abschlussprüfung wird immer größer. In diesem ersten Kapitel wird noch einmal kurz das Fach Kundenberatung beleuchtet. Einiges werden Sie schon wissen und kennen, aber einiges wird Sie vielleicht auch verblüffen.

1.1   Die Situation

In der mündlichen Abschlussprüfung zum Bankkaufmann geht es darum, ein Kundengespräch zu führen. Sie schlüpfen dabei in die Rolle des Bankberaters und Ihr Prüfer verwandelt sich zum unwissenden Bankkunden.

Dies ist zwar eine ungewöhnliche Situation, aber effektiv, um festzustellen, wie Ihre Leistungen in einer Kundenberatung aussehen.

Sie sollen in Ihrem Prüfungsgespräch also wie gehört die Rolle des Beraters übernehmen. Dazu ziehen Sie sich zu Beginn Ihrer Prüfung zwei Fälle aus einem Pool oder einer Box. Sie lesen sich beide Fälle kurz durch und entscheiden dann, welche Situation Sie bearbeiten möchten.

In den Prüfungsfällen erhalten Sie einige persönliche Daten über den Kunden, sowie einen Situationsüberblick. Daraus können Sie bereits grob die Richtung erkennen, was den Kunden interessiert.

Nun haben Sie 15 Minuten Zeit, sich auf das bevorstehende Beratungsgespräch vorzubereiten. Im Kapitel „15 Minuten, die entscheiden..." gehe ich noch näher auf eine effektive Vorbereitung Ihrer Beratungssimulation ein.

Nach Ihrer Vorbereitung schreiten Sie zur Tat. Nun ist es an der Zeit zu zeigen, was Sie können. In einem 15- bis 20-minütigen Gespräch beraten Sie den Kunden in seinen speziellen Belangen und versuchen, seinen Bedürfnissen optimal gerecht zu werden. **15 bis 20-minütiges Gespräch**

Nach Ihrer Beratungssimulation in der Prüfung verlassen Sie in aller Regel den Raum. Die Prüfer beraten und diskutieren, wie sie die Prüfungsleistung gesehen haben. Nach kurzer Zeit werden Sie wieder in den Saal gerufen und Ihnen wird das Ergebnis mitgeteilt.

1.2   Inhalt und Bewertung der Beratungssimulation

Das Gespräch an sich soll im Prinzip genau wie eine ideale Kundenberatung ablaufen.

Das bedeutet, dass Sie das Gespräch strukturiert und kundenorientiert führen. Sie sollen die Kundenbedürfnisse richtig analysieren und auf diese eingehen, dem Kunden eine angenehme Gesprächssituation vermitteln und ihm genau zuhören. Der klassische „Frage - Antwort - Stil" ist ausdrücklich **nicht** erwünscht. Stattdessen soll das Gespräch nach der sogenannten KIV-Formel geführt werden. Mehr dazu erfahren Sie im weiteren Verlauf dieses Buches.

Wichtig ist es vor allem zu untersuchen, wie Ihre Prüfung eigentlich genau bewertet wird. Anhand der Bewertungsmethode können Sie nämlich relativ leicht erkennen, worauf Wert gelegt wird.

Bewertet wird der systematische und situationsbezogene Ablauf des Gesprächs:

- **Systematisch:**

Systematisch   Sie behalten stets den „roten Faden" vor Augen.
Sie bauen das Gespräch strukturiert (KIV-Formel) auf.
Sie haben die Kontrolle über das Gespräch.

- **Situationsbezogen:**

Situations-   Sie beraten den Kunden nach seinen Bedürfnissen.
bezogen   Sie steuern das Gespräch nach den Kundenbedürfnissen.

Ganz wichtig ist vor allem die Aufteilung der Bewertung in einen „fachlichen" und einen „verkäuferischen / verhaltensorientierten" Bereich.

- **Fachlich:**

Fachlich   Sie beraten den Kunden inhaltlich richtig.
Sie erklären Zusammenhänge korrekt.

- **Verkäuferisch:**

Verkäuferisch   Sie handeln kundenorientiert.
Sie gehen auf den Kunden ein.

Diese beiden Bereiche werden von der Punktzahl her unterschiedlich gewichtet. Während Sie für den fachlichen Teil lediglich 40 % der Punkte erhalten, spielt der verkäuferische Teil mit 60 % die wesentlichere Rolle.

Die Berechnung der beiden Teile erfolgt folgendermaßen:

Prüfungsteil	Maximalpunktzahl x Faktor	Gesamtpunktzahl
Fachlich	100 x 0,40	40
Verkäuferisch	100 x 0,60	60
Gesamt		**100**

Prüfungs-
bewertung

Ein Beispiel, wie es aussehen kann:

Prüfungsteil	Maximalpunktzahl x Faktor	Gesamtpunktzahl
Fachlich	100 x 0,40	40
Verkäuferisch	15 x 0,60	9
Gesamt		**49**

In diesem Beispiel fällt der Prüfling trotz sehr guter fachlicher Leistungen in der praktischen Übung durch.

Drehen wir die Leistungen einmal um:

Prüfungsteil	Maximalpunktzahl x Faktor	Gesamtpunktzahl
Fachlich	15 x 0,40	6
Verkäuferisch	100 x 0,60	60
Gesamt		**66**

In diesem Fall liegt eine sehr gute verkäuferische Leistung vor. Obwohl der Prüfling fachliche Defizite hat, verfehlt er die „befriedigend" nur um einen einzigen Punkt.

Fazit: Fachwissen alleine ist zwar schön und gut, genügt alleine aber leider nicht einmal zum Bestehen der Prüfung.

2 Das ideale Verkaufsgespräch

Wie das Beratungsgespräch in der Prüfung abläuft und bewertet wird, haben Sie nun schon erfahren. Offen ist aber nach wie vor, wie Sie Ihr Gespräch nun tatsächlich führen sollten. Eine gute Methode bietet hierzu die sogenannte KIV-Formel. In diesem Kapitel wird Sie Ihnen nun näher erläutert.

2.1 Die KIV-Formel

Die drei großen Buchstaben KIV stehen für die drei Phasen, in die ein Beratungsgespräch gegliedert sein soll.

KIV-Formel

K ontaktphase

I nformationsphase

V erkaufsphase

Die drei Balken, die vor den einzelnen Phasen abgebildet sind, sollen Ihnen verdeutlichen, welche Zeit in einer Beratung für die entsprechende Phase verwendet wird.

Die drei Phasen werden auch in dieser Reihenfolge nacheinander „abgearbeitet".

Klar zu sehen ist, dass die Informationsphase den größten Anteil am Gespräch hat (ca. 70 %). Halten Sie das auch unbedingt so! Die Kontaktphase dient dem Einstieg (ca. 5-10 %). Die Verkaufsphase kommt zum Schluss des Gespräches (ca. 20-25 %).

2.1.1 Die Kontaktphase

Die Kontaktphase dient, wie bereits erwähnt, dem Einstieg in das Gespräch. Es sollte Ihnen in der Kontaktphase gelingen, eine positive Atmosphäre aufzubauen. Geben Sie dem Kunden das Gefühl, gut aufgehoben zu sein. Der erste Eindruck ist wichtig!

Smalltalk

Die Kontaktphase umfasst zwar nur wenige Sätze, dennoch ermöglicht eine gute Kontaktaufnahme ein wesentlich entspannteres Gesprächsumfeld. Zum Einstieg bietet sich der sogenannte „Smalltalk" an. Es ist weniger gut, wenn Sie gleich mit der Tür ins Haus fallen und „übers Geschäft" reden.

Bereiten Sie den Kunden erst vor und versuchen Sie eine angenehme Beziehungsebene aufzubauen. Denkbare Gesprächsthemen sind:

- Wetter
- Parkplatz oder Weg zur Bank
- Freudiger Anlass des Kunden z.B. Geburt, Hochzeit, Hobby

Tabuthemen

Es gibt aber auch **Tabuthemen**, z.B.:

- Fußballbundesliga oder Politik

Bei diesen Themen laufen Sie Gefahr, dass Ihr Kunde und Sie unterschiedlicher Meinung sind. Dies kann eventuell den kompletten weiteren Verlauf des Gespräches negativ beeinflussen.

Beispiel für eine gelungene Kontaktphase:

Sprecher:	Text:
Sie:	Guten Tag Herr Müller. *(Hand geben)* Nehmen Sie doch bitte Platz! *(auf Platz hinweisen)*
Kunde:	Guten Tag. Danke.
Sie:	Ich habe gehört, Sie sind letzte Woche Großvater geworden.
Kunde:	Ja genau, mein Enkel kam letzten Dienstag zur Welt.
Sie:	Das ist ja fein. Ich nehme an, es ist alles in bester Ordnung.
Kunde:	Ja, natürlich. Er ist quietschlebendig. Der kleine Schelm flirtet sogar schon mit der Krankenschwester!
Sie:	*(Lächeln)* Das freut mich für Sie, Herr Müller. Was kann ich denn heute für Sie tun?

So oder in ähnlicher Weise können Sie Ihre Kontaktphase mit dem Kunden aufbauen. Achten Sie darauf, dass Sie sich nicht unnötig lange ins Gespräch vertiefen. Denken Sie daran „ca. 5-10 %"! In der Prüfung haben Sie ein etwa 15-20-minütiges Gespräch.

Fazit: Ihre Kontaktphase sollte in der Prüfung maximal eine Minute dauern.

Kontaktphase eine Minute

Vielleicht werden Sie sagen: „Eine Minute ist sehr wenig Zeit". Dann bitte ich Sie einmal die Zeit zu stoppen, die Sie brauchen, um das oben vorgestellte Beispiel durchzusprechen. Sie werden sehen, dass Sie gerade einmal eine halbe Minute benötigen.

Gehen Sie in jedem Fall auf den Kunden ein. Wenn Sie beispielsweise einen Sterbefall abwickeln, dann ist es wichtig, mit dem Kunden sehr behutsam umzugehen. Sprechen Sie in einem solchen Fall unbedingt Ihr herzliches Beileid aus und versuchen Sie beruhigend auf den Kunden einzuwirken. Achten Sie auch darauf, dass der Einstieg („Smalltalk") und der Fall zusammenpassen.

Es wird auch sehr gerne gesehen, wenn Sie Ihrem Kunden eine Tasse Kaffee oder Tee anbieten. Achten Sie aber darauf, dass ein solches Vorgehen zu Ihrem Typ passt und natürlich wirkt.

Studieren Sie die Kontaktphase ein. Ohne großen Aufwand gelingt Ihnen so ein guter Start in die Beratungssimulation und Sie sind auch nicht mehr so aufgeregt. Es handelt sich dabei um eine Art Standardfall, den Sie leicht vortragen können. Die Punkte für einen guten Beginn sollten Sie sich in jedem Falle sichern.

2.1.2 Die Informationsphase

Sie wird im Allgemeinen als die wichtigste Phase bezeichnet. Die Zeit, in der Sie Informationen vom Kunden einholen, ist der längste Gesprächsteil (Sie erinnern sich ca. 70 %). Fragen Sie viel! Sie laufen sonst leicht Gefahr, die eine oder andere wichtige Auskunft nicht einzuholen.

Genau dieses Einholen der Information ist der Kern dieses Gesprächsabschnittes. Fragen Sie Ihren Kunden alles, was irgendwie im Zusammenhang mit seinen Bedürfnissen stehen könnte.

Beratungs-regulatorik

Zu Beginn der Informationsphase weisen Sie den Kunden darauf hin, dass Sie einige Informationen von ihm benötigen, um ihn optimal beraten zu können. Kündigen Sie auch an, dass Sie sich einige Notizen machen, damit Ihr Kunde sich darauf einstellen kann. Da die regulatorischen Anforderungen in der Beratungspraxis zwischenzeitlich leicht 15 Minuten in Anspruch nehmen können (z.B. wirtschaftlicher Berechtigter, Beratungsprotokolle) müssen Sie gewappnet sein. In der Prüfungssituation signalisieren Sie, dass Sie die Themen kennen und avisieren dies in der Informationsphase. Einen Vorschlag hierzu finden Sie auch in den Mustergesprächen. Der Fokus liegt aber klar bei den fachlichen und verkäuferischen Aspekten, sodass der Hinweis auf die Beratungsregulatorischen Themen maximal eine Minute in Anspruch nehmen sollte.

Ihre Notizen sind von enormer Wichtigkeit. Mit Ihrer Hilfe können Sie sich leichter merken, was der Kunde Ihnen bereits erzählt hat. Darüber hinaus leisten sie Ihnen wertvolle Dienste in der späteren Verkaufsphase. Achten Sie darauf, dass Sie Ihre Notizen strukturiert aufzeichnen. Gerade in einem Finanzierungsfall ist dies von großer Bedeutung.

Stellen Sie offene Fragen:

Offene Fragen sind solche, die Ihnen eine Menge Informationen bieten, ohne dass Sie viel sagen müssen. Diese sogenannten „W-Fragen" erkennen Sie sehr leicht an den Fragewörtern mit „W" am Satzanfang.

W-Fragen

- wie
- wann
- was

Mit Hilfe dieser „W-Fragen" sparen Sie Zeit und erhalten obendrein eine große Zahl an Informationen.

Beispiel für eine W-Frage:

Sprecher:	Text:
Sie:	Wie lange möchten Sie das Geld anlegen, Herr Müller?
Kunde:	Na ja, nächsten Monat fliege ich mit meiner Frau nach Mexiko. Daher möchte ich das Geld nur für einen Monat oder maximal 40 Tage anlegen.

Beispiel ohne W-Frage („Geschlossene Fragen"):

Sprecher:	Text:
Sie:	Möchten Sie das Geld für ein Jahr anlegen?
Kunde:	Nein.
Sie:	Brauchen Sie das Geld früher?
Kunde:	Ja.
Sie:	Wann benötigen Sie denn das Geld wieder?
Kunde:	In spätestens 40 Tagen, denn dann...

Sie sehen an diesem einfachen Beispiel, dass Sie ohne W-Fragen wesentlich weniger Informationen bekommen und länger brauchen, bis Sie am Ziel sind. Außerdem sind Sie im Endeffekt doch wieder gezwungen, eine W-Frage zu stellen, um ans Ziel zu kommen.

Denken Sie einmal darüber nach, welche Informationen Sie von Ihrem Kunden brauchen, um ihn optimal beraten zu können!

Auf wie viele Fragen sind Sie gekommen? Drei, vier oder vielleicht fünf? Ich behaupte einfach einmal, zu wenig. Sehen Sie auf der folgenden Seite im Fragenkatalog, was Sie einen Kunden alles fragen könnten.

Der Fragenkatalog:

Kontoführung / Zahlungsverkehr:

- Wozu brauchen Sie das Konto?
- Wer soll verfügungsberechtigt sein?
- Wie hoch ist Ihr Einkommen?
- Wohin möchten Sie überweisen?
- Wie oft kommt diese Transaktion vor?
- Wie hoch ist der Betrag?
- Wie möchten Sie sich absichern?
- Wohin verreisen Sie?
- Wie lange werden Sie verreisen?
- In welchen Fällen soll das gelten?

Kreditgeschäft:

- Wie hoch ist der Kaufpreis?
- Wie alt ist das Gebäude?
- Wo ist die genaue Lage?
- Wie groß ist das Grundstück?
- Wie viel m^2 Wohnfläche hat die Wohnung?
- Welche Außenanlagen sollen noch angelegt werden?
- Wie viel können Sie monatlich zurückzahlen?
- An welche Laufzeit haben Sie gedacht?
- Welche festen monatlichen Ausgaben haben Sie?
- Welche Grundschulden sind bereits eingetragen?
- Wann fällt das Einkommen Ihres Partners weg?
- Wann wird Ihr Partner die Arbeit wieder aufnehmen?
- Welcher Tätigkeit geht Ihr Partner nach?
- Wann sind Kinder geplant?
- Wie viele Kinder haben Sie?
- Wie lange sind Sie bereits dort beschäftigt?
- Wo und wie wohnen Sie zurzeit?
- Welche Versicherungen haben Sie bereits abgeschlossen?
- Bei welcher Versicherungsgesellschaft sind Sie versichert?
- Bei welcher Bank soll das Darlehen abgelöst werden?
- Wie hoch ist die Restschuld?
- Welche Kosten sind darin enthalten?
- Wie hoch ist Ihr Vermögen?
- Wie viel davon möchten Sie einbringen?
- In welcher Höhe möchten Sie Eigenleistungen einbringen?
- Welche Eigenleistungen sind bereits eingerechnet?
- Welche Anschaffungen haben Sie in Zukunft geplant?
- An welche Sicherheiten haben Sie gedacht?

Geldanlage:

- Welchen Betrag möchten Sie anlegen?
- Wie lange soll das Geld angelegt werden?
- Für welchen Zweck sparen Sie das Geld?
- Welche Anlagen haben Sie oder hatten Sie bereits?
- Wann wird Ihr anderer Vertrag fällig?
- Welche konkreten Vorstellungen haben Sie bezüglich Ihrer Geldanlage?
- Was haben Sie für Ihre private Altersvorsorge schon getan?
- Wo und wie haben Sie Ihre VL angelegt?
- Wie hoch ist Ihr zu versteuerndes Jahreseinkommen?
- Wie viel Rente möchten Sie später einmal bekommen?
- Wie hoch ist Ihr Freistellungsauftrag?
- Bei welchen Banken haben Sie noch Konten?
- Wie haben Sie Ihre Kinder abgesichert?
- Wann werden die Gelder voraussichtlich eingehen?

Natürlich erhebt diese Liste keinen Anspruch auf Vollständigkeit. Sie ließe sich noch um etliche Fragen verlängern. Sie soll Ihnen nur einen kleinen Einblick geben, welche Informationen notwendig sind, um einen Kunden ideal beraten zu können. Viele Fragen kommen nur in Spezial-fällen vor. Aber ich denke, dass ich Sie mit diesem Musterkatalog an W-Fragen für das Thema sensibilisieren konnte.

Doch ist es mit den offenen bzw. den W-Fragen alleine noch nicht getan. Es bedarf oft noch weiterer Informationen, die Sie unbedingt einholen sollten, die sich aber leider nicht mit einer W-Frage in Erfah-rung bringen lassen.

<u>Sonstige wichtige Fragen:</u>

Besonders wichtig ist in einer Anlageberatung die Frage nach dem Risiko. Das Risiko lässt sich nur schwierig mit W-Fragen abklopfen, da auch kaum Spielraum bei der Beantwortung der Frage bleibt.

Beispiel für eine unnötige W-Frage: unnötige
                                                                W-Frage

Sprecher:	Text:
Sie:	Wie haben Sie sich das Risiko Ihrer Anlage vorge-stellt?
Kunde:	Wie, welches Risiko? Sie haben doch gar nichts von Risiko gesagt.

In diesem Fall scheint eine W-Frage kaum geeignet, die passenden Informationen zu bekommen. Sie müssen wissen, dass nicht alle Kunden einen derart großen Sachverstand haben, wie Sie selbst.

Wenn Sie also lediglich eine Entscheidung des Kunden herbeiführen möchten, dann stellen Sie eine Frage, die Ihr Kunde nur mit „ja" oder „nein" beantwortet.

Beispiel für eine Entscheidungsfrage:

Sprecher:	Text:
Sie:	Wären Sie bereit ein gewisses Risiko einzugehen, um eine höhere Rendite zu erzielen?
Kunde:	Ja. / Nein.

Fazit: Wenn Sie nur eine Entscheidung des Kunden herbeiführen wollen, dann stellen Sie eine Entscheidungsfrage.

Weitere Beispiele für Entscheidungsfragen:

Entschei-
dungsfragen
- Wäre das etwas für Sie?
- Sind Sie damit einverstanden?
- Habe ich das soweit richtig notiert?
- Möchten Sie eine Tasse Kaffee?
- Ist Ihnen das zu teuer?
- Ist das nicht ein günstiges Angebot?

Besonders wichtig sind diese Fragen auch dann, wenn es darum geht, genaue Produktmodalitäten einzubeziehen oder Kosten abzuklären.

Sie werden in den Fällen, bei denen Ihr Kunde zwischen verschiedenen Anlage- oder Produktformen wählen kann, oft erklären müssen, wo die besonderen Vor- und Nachteile des jeweiligen Produktes liegen.

Beispiele:

- Girocard, Maestro, Geldkarte – Verfahren bei Kartenzahlung
- Verfügungsberechtigung (einzeln / gemeinschaftlich)
- Verschiedene Tarife beim Bausparen
- HBCI, PIN / TAN, Mobile TAN – Verfahren beim Onlinebanking

Fazit: Holen Sie von Ihrem Kunden zuerst alle Informationen mit Hilfe der „W-Fragen" ein. Hat Ihr Gegenüber bei verschiedenen Fragen Verständnisprobleme, so erklären Sie ihm die einzelnen Produktmodalitäten oder Möglichkeiten. Stellen Sie ihm im Anschluss eine Entscheidungsfrage, welches Produkt oder welche Möglichkeit Ihrem Kunden am besten gefällt.

Wie eine komplette Informationsphase im Gespräch aussieht, sehen Sie in den späteren Mustergesprächen.

2.1.3 Die Verkaufsphase

Die Verkaufsphase schließt das Gespräch ab. In diesem Gesprächsabschnitt schlagen Sie dem Kunden ein (für ihn passendes) Produkt vor. Wenn Sie alle notwendigen und relevanten Informationen eingeholt haben, wird Ihr Kunde in aller Regel mit Ihrem Vorschlag einverstanden sein.

Tragen Sie gedanklich alle Informationen des Kunden zusammen und wägen Sie sorgfältig ab, welches Produkt in Frage kommt. Anschließend wiederholen Sie noch einmal die wichtigsten Kundenbedürfnisse und präsentieren Ihren Produktvorschlag.

Kundenbedürfnisse wiederholen

Beispiel für eine Verkaufsphase:

Sprecher:	Text:
Sie:	Ich wiederhole noch einmal kurz, was ich mir notiert habe. Herr Müller, Sie möchten 20.000,00 EUR sicher für ein Jahr anlegen. Sie möchten keine weiteren Beträge mehr einzahlen und auch keine vorzeitigen Verfügungen vornehmen. Habe ich das soweit richtig notiert, Herr Müller?
Kunde:	Ja, das ist korrekt.
Sie:	Dann habe ich genau das Richtige für Sie. Bei dieser Geldanlage bekommen Sie einen festen Zinssatz für die gesamte Laufzeit von 1,25 %. Die Anlage ist völlig risikolos. Das sind über 200 EUR Zinsen im Jahr. Damit haben Sie schon den halben Mallorca Urlaub im nächsten Sommer bezahlt. Die Anlageform heißt.... Wäre das das Richtige für Sie?
Kunde:	Ja, genau so habe ich mir meine Geldanlage vorgestellt.

Vorteil aufzeigen, bildhafte Sprache

Sie sollten in der Verkaufsphase in der beschriebenen Art vorgehen. Vergewissern Sie sich zuerst, ob Sie alle Kundenbedürfnisse richtig verstanden haben. Wenn ein Punkt von Ihnen anders verstanden wurde, als der Kunde es eigentlich wollte, dann kehren Sie in die Informationsphase zurück. Es ist nichts peinlicher als dem Kunden einen Vorschlag zu unterbreiten, den er nicht akzeptieren will.

Haben Sie die Bedürfnisse Ihres Kunden nicht richtig wiedergegeben, wird er Ihre Frage „Habe ich das soweit richtig notiert?" verneinen.

Habe ich das soweit richtig notiert?

Nachdem Sie wissen, dass Sie alles richtig verstanden haben, können Sie Ihrem Gegenüber einen geeigneten Produktvorschlag machen. Zeigen Sie die wichtigsten Merkmale des Produktes noch einmal kurz auf. Fragen Sie anschließend, ob Ihr Gesprächspartner damit einverstanden ist.

Gehen Sie in Ihrer mündlichen Prüfung analog vor. Ihr Prüfer hat die Aufgabe, sich wie ein Kunde zu verhalten. Also behandeln auch Sie ihn wie einen Kunden.

2.1.4 Cross-Selling

Mit „Cross-Selling" (überkreuz verkaufen) ist gemeint, nach dem ei-
gentlichen Produktabschluss noch einen Zusatzverkauf zu erreichen.

Zusatzverkauf

In Ihrer Informationsphase ist es Ihnen in aller Regel gelungen, jede
Menge Informationen zu erhalten. Dabei erzählt der Kunde oft etwas,
das Ihnen einen zusätzlichen Verkauf ermöglicht.

Nutzen Sie diese Informationen, um Ihrem Kunden einen geeigneten
Vorschlag machen zu können. Beachten Sie unbedingt, dass Sie einen
kundenorientierten Ansatz brauchen.

Nachdem Sie mit Ihrem Kunden in der Verkaufsphase einen Vertrag
abgeschlossen haben, tragen Sie anschließend den Ansatz vor.

Ausschnitt aus einer möglichen Infophase:

Sprecher:	Text:
Sie:	.... Zu welchem Zweck möchten Sie das Geld anlegen, Herr Müller?
Kunde:	Na ja, ich möchte mir mit meiner Frau ein kleines Häuschen kaufen. Daher wollen wir das Geld auf keinen Fall verschleudern......

Ausschnitt aus der Verkaufsphase:

Sprecher:	Text:
Sie:	...Wäre das etwas für Sie?
Kunde:	Ja, genau so habe ich mir meine Geldanlage vorge-stellt.
Sie:	Fein. Dann unterschreiben Sie bitte hier....
Sie:	Sie sagten vorhin, dass Sie sich mit Ihrer Frau ein kleines Häuschen kaufen möchten. Darf ich Ihnen hierzu noch einige Fragen stellen?
Kunde:	Ja, gerne, wenn mich das meinem Ziel näher bringen kann....

Sie haben just in diesem Moment das Gespräch wieder in die Informationsphase gelenkt. In diesem Fall stellen Sie Ihrem Kunden noch
einige weitere Fragen. Je nachdem, welche Antworten er Ihnen dabei
gibt, haben Sie eventuell noch die Chance, einen Bausparvertrag zu
verkaufen.

In Ihrer mündlichen Abschlussprüfung werden Sie nicht immer genügend Zeit haben, ein echtes Cross-Selling durchzuziehen. Es ist aber sehr wichtig, dass Sie es ansprechen. In Ihrer Prüfung könnte das wie folgt aussehen:

Beispiel für Cross-Selling in der Prüfung:

Terminverein-
barung

Sprecher:	Text:
Sie:	...Wäre das etwas für Sie?
Kunde:	Ja, genau so habe ich mir meine Geldanlage vorgestellt.
Sie:	Fein. Dann unterschreiben Sie bitte hier....
Sie:	Sie sagten vorhin, dass Sie sich mit Ihrer Frau ein kleines Häuschen kaufen möchten. Sicherlich sind Sie auch daran interessiert, wie Ihr Traum wahr werden kann?
Kunde:	Ja. Natürlich.
Sie:	Lassen Sie uns einfach einen Termin vereinbaren. Dann informiere ich Sie gerne über die Möglichkeiten des Bausparens. Wäre Ihnen der nächste Donnerstag um 14:30 Uhr recht?
Kunde:	Ja, nächste Woche habe ich ohnehin Urlaub.

Versuchen Sie gleich einen Termin mit Ihrem „Prüfer" zu vereinbaren. In aller Regel wird er bereitwillig zustimmen. Wichtig ist nur, dass Sie die Möglichkeit des Zusatzverkaufs bedacht und genutzt haben.

Häufig fällt es den Prüflingen schwer ein geeignetes Produkt als Cross-Selling-Ansatz zu finden. Dies liegt teilweise daran, dass entweder zu wenig Fragen in der Informationsphase gestellt wurden, der Prüfer äußerst wortkarg oder der Prüfling einfach zu aufgeregt ist. Die folgende Grafik hilft Ihnen dabei die unterschiedlichen Bedürfnisse der Kunden besser zu vernetzen und dadurch einen gelungenen Cross-Selling-Ansatz zu finden. Verinnerlichen Sie einfach die Zusammenhänge und Sie werden aus jedem Prüfungsfall einen passenden Cross-Selling-Ansatz präsentieren können.

Neben der Vernetzung zu anderen Bedürfnissen des Kunden ist es durchaus ebenso möglich innerhalb desselben Kundenbedürfnisses, das der Prüfungsfall vorgibt, ein weiteres Produkt zu verkaufen.

Kundenbedürfnisse und Cross-Selling

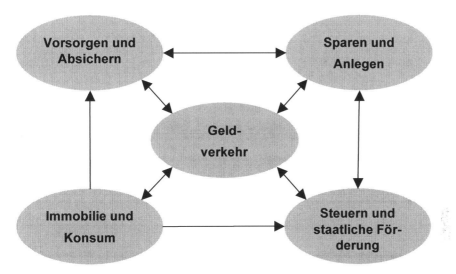

Die Grafik zeigt, dass Sie von jedem Kundenbedürfnis auf zumindest zwei weitere Kundenbedürfnisse vernetzen können. Dabei gilt:

- Eine Vernetzung zum Geldverkehr (zumindest zum Kontokorrentkonto) ist nahezu immer möglich
- Eine Vernetzung zu „Immobilie und Konsum" ist schwierig
- Je größer die „Verwandtschaft" zwischen den Kundenbedürfnissen, desto leichter fällt die Vernetzung

Der Schlüssel zum Erfolg, der Ihnen nun noch fehlt, ist die Zuordnung der entsprechenden Produkte zu den unterschiedlichen Bedürfnissen.

Kundenbedürfnis	Passende Produkte (Beispiele)
Geldverkehr	Kontokorrentkonto, Kreditkarten, Zahlungsverkehrsprodukte
Steuern und staatliche Förderung	VL-Anlagen, Bausparen, steueroptimierte Geldanlage
Sparen und Anlegen	Spareinlagen, monatliche Ratensparverträge, Fonds, Wertpapiere
Vorsorgen und Absichern	Altersvorsorge, alle Arten von Versicherungen
Immobilie und Konsum	Baufinanzierungen, Konsumenten und Autokredite

2.2   Tipps für gute Gespräche

Hier sehen Sie noch einmal zusammengefasst, welche Formulierungen und welches Verhalten Sie in Ihrer mündlichen Abschlussprüfung verwenden sollten.

- Verwenden Sie möglichst wenig Fremd- und Fachwörter.
- Benutzten Sie eine bildhafte Sprache *(„...damit haben Sie schon den halben Mallorcaurlaub bezahlt...")*.
- Vermeiden Sie Formulierungen wie *„dann müssen Sie"*. Der Kunde muss prinzipiell nichts.
- Sprechen Sie Ihren Kunden persönlich (mit seinem Namen) an. Der Kunde hört nichts lieber als seinen eigenen Namen.
- Stellen Sie lieber zu viele statt zu wenige Fragen (absolutes Minimum sind 5 Fragen).
- Vermeiden Sie das Wort „Gebühren". Gebühren zahlen Sie beim Parken. Dieses Wort ist sehr negativ besetzt. Verwenden Sie lieber das Wort „Preise".
- Verwenden Sie nicht zu viel Zeit auf das Thema „Beratungsregulatorik" (z.B. wirtschaftlich Berechtigter & Beratungsprotokoll)
- Handeln Sie kundenorientiert! Geben Sie dem Kunden, was am besten zu ihm passt.
- Nutzen Sie Informationen zum Cross-Selling.
- Lächeln Sie im Gespräch.
- Nutzen Sie Gestik und Mimik.
- Visualisieren Sie komplizierte Sachverhalte (Zeichnen Sie zum Beispiel einen Topf mit Geld, um Fonds besser erklären zu können). Visualisierungshilfen finden Sie auch im Internet unter *http://www.bm-consult.de*.
- Legen Sie sich eine Prospekt-Mustermappe an und arbeiten Sie mit dem Material (näheres siehe Kapitel „Prospekt-Mustermappe").
- Sprechen Sie laut, wenn Sie etwas ausrechnen.
- Zeigen Sie Ihrem Kunden seine persönlichen Produktvorteile auf.
- Geben Sie Ihrem Kunden Ihre Visitenkarte mit.
- Vereinbaren Sie einen weiteren Termin zum Cross-Selling, falls die Zeit in der Prüfung für einen Zusatzverkauf nicht mehr ausreicht.
- Sollten Sie Preise für Ihre Dienstleistungen einmal nicht nennen können, so ist dies kein Beinbruch. Fragen Sie nach der Telefonnummer Ihres Kunden und bieten Sie ihm an, mit einem Spezialisten Rücksprache zu halten und ihn umgehend zu informieren, wenn Sie Näheres wissen.

15 MINUTEN, DIE ENTSCHEIDEN...

3   Die Prüfungsvorbereitung

Nachdem Sie nun bestens darüber informiert sind, wie Sie ein ideales Kundengespräch führen sollten, wird es jetzt Zeit, Sie systematisch auf Ihre Abschlussprüfung vorzubereiten. Dabei werden Sie erfahren, wie Sie Ihre Hilfsmittel strukturieren, um bereits vor Beginn des Gespräches alles in die richtige Bahn zu lenken.

3.1   Die Prospekt-Mustermappe

Wie bereits erwähnt, sollten Sie versuchen, Zusammenhänge zu visualisieren. Darunter versteht man das grafische Veranschaulichen. Gerade bei schwierigen Zusammenhängen, die vom Kunden nicht so leicht verstanden werden, ist diese Verkaufsunterstützung wichtig. **Visualisierung**

Erwiesen ist, dass sich Menschen leichter Dinge einprägen, die sie über möglichst viele „Kanäle" aufnehmen. Diese „Kanäle" sind Auge, Ohr, Tastsinn, Geruchsinn und Geschmack. Je mehr „Kanäle" Sie ansprechen, desto besser!

Natürlich wird es Ihnen nur schwer gelingen, den Kunden beispielsweise durch seinen Geruchsinn anzusprechen. Aber Sie sollten statt eines dauernden Zuhörens Ihrem Kunden auch ein Zusehen ermöglichen. Nutzen Sie zu diesem Zweck Verkaufshilfen, die normalerweise in Hülle und Fülle in jedem Institut zu finden sind.

Leider ist nicht in allen Bundesländern das gleiche Material zugelassen. In manchen Bundesländern darf alles, vom Konditionentableau, über Prospekte bis hin zu Checklisten und Laptops benutzt werden, in anderen Ländern hingegen sind fast keine Hilfsmittel zugelassen. Klären Sie daher in jedem Fall mit Ihren Berufsschullehrern oder Ausbildern, welche Materialien Sie in der Prüfung verwenden dürfen. **zugelassenes Material**

Nachdem Sie wissen, welche Verkaufshilfen Sie benutzen dürfen, sollten Sie nach geeignetem, zugelassenem Material in Ihrem Kreditinstitut Ausschau halten.

Gehen Sie dabei wie folgt vor:

- Benutzen Sie Prospekte, Flyer und Schaubilder.
- Wählen Sie möglichst übersichtliches Material aus.
- Diese Prospekte gliedern Sie nach den einzelnen Themengebieten.
- Legen Sie ein Register für die Themengebiete an (siehe Muster).

Achtung: Überfrachten Sie die Mappe nicht mit zu viel Material. Zu jedem Thema sollten maximal 2-3 Verkaufsunterstützer in Ihrem Schnellhefter sein.

<u>Wie ist die Mappe aufgebaut?</u>

Hier ein Vorschlag, wie Sie Ihre Prospekt-Mustermappe gliedern und aufbauen könnten. Richten Sie Ihr Register nach Ihren Bedürfnissen ein und arbeiten Sie damit.

Die Anordnung der Materialien ist auch davon abhängig, welche Prospekte Ihre Bank zur Verfügung stellt. In der Regel können Sie die gewünschten Papiere in Ihrer Marketingabteilung, Vordruckverwaltung, Fachabteilung oder einer ähnlichen Einrichtung bestellen.

Visualisie-rung

Übrigens, die beste Art der Visualisierung ist ein Schaubild, das Sie während des Kundengespräches mit Ihrem Prüfer zusammen erarbeiten. Besonders sinnvoll ist diese Vorgehensweise bei folgenden Produkten oder Themen:

- Fonds
- Dokumentenakkreditiv
- Dokumenteninkasso
- Sicherungsübereignung

Beispiele, wie solche Schaubilder aussehen könnten, finden Sie auch in unserem Online-Service unter *http://www.bm-consult.de*

Auf der nächsten Seite nun ein Vorschlag für den Aufbau Ihrer Prospekt-Mustermappe.

Inhalt:

1. Aktuelle Konditionen aktiv / passiv
2. Kontoführung / Zahlungsverkehr:
       Reiseschecks
       Kartengeschäft:
              Kreditkarten (Unterschied Visa / Mastercard)
              Maestro-Karte / girocard / Geldkarte
       Kontoführung:
              Kontenmodelle (Unterscheidungen)
              Online Banking (Mobile TAN ⇔ PIN / TAN)
              Internetbanking/ Mobile Banking
              paydirekt
3. Vermögensanlage:
       Riester-Rente, Wohn-Riester (Übersicht der Förderung)
       Rürup (Übersicht der Förderung)
       Spareinlagen:
              Ratensparen (Übersicht mit Endbetrag)
              Einmalanlagen (Zins und Zinseszins)
       Fonds:
              Aktienfonds
              Immobilienfonds
              Geldmarkt- / Rentenfonds
              Dachfonds / Mischfonds
       Sonst. Wertpapiere:
              Aktien
              Online Brokerage
              Anleihen / Derivate / Unternehmensanleihen
       Versicherungen:
              Lebensversicherung
              Rentenversicherung
       Bausparen:
              Tarifübersichten
              Wohnungsbauprämie
       VL-Sparen:
              Möglichkeiten (evtl. Verweise)
              Arbeitnehmersparzulage (Prämienübersicht)
4. Kreditgeschäft:
       Baufinanzierung
              Sonderfinanzierungen
              Übersicht der Baulandpreise und Kosten
              Förderung und Zuschüsse fürs Energiesparen

Fazit: Verwenden Sie nur klar gegliederte Prospekte, die nach Möglichkeit Unterschiede zwischen den Produkten aufzeigen. Die Materialien sollten möglichst viele Grafiken und wenig Text enthalten. Achten Sie auch auf die Übersichtlichkeit.

Aufbau der Mustermappe

Anforderung an die Prospekte

3.2   Der Vorbereitungsbogen

Ich habe für Sie ein Merkblatt entwickelt, das Ihnen hilft, die Prüfung erfolgreich vorzubereiten. Unter dem Motto „15 Minuten, die entscheiden", sollten Sie sich gut für das anstehende Kundengespräch rüsten.

Der von mir entwickelte Bogen bietet Ihnen einen möglichen Fahrplan für eine gute Vorbereitung des Prüfungsgespräches. Bei der Entwicklung des Papiers wurden die wichtigsten Anforderungen der mündlichen Abschlussprüfung integriert.

DIHK-Beobachtungs- und Bewertungsbogen

Die erste Grundlage für die Entwicklung des Vorbereitungsbogens war der DIHK-Beobachtungs- und Bewertungsbogen.

Dieses Formular wurde durch den DIHK (Deutscher Industrie- und Handelskammertag) für die deutschen Industrie- und Handelskammern als Muster erstellt. Das Papier sollte dazu dienen, den Prüfern in der mündlichen Abschlussprüfung der Bankkaufleute einen „Bewertungsleitfaden" zu geben.

Da die jeweilige IHK einen regionalen Charakter hat und nicht gezwungen ist, diesen Bogen zu verwenden, gibt es verschiedene Exemplare.

Im Prinzip bauen die Bewertungsbögen der IHK aber auf dem des DIHK auf.

Im DIHK Schriftstück ist eine genaue Einteilung in Verhaltens- und Fachkompetenz gegeben. Der Bereich der Verhaltenskompetenz ist exakt nach der KIV-Formel (Kontakt-, Informations-, Verkaufsphase) gegliedert. Das war Grundlage für mich, auch den Vorbereitungsbogen in dieser Art zu gestalten.

Beobachtungs- und Bewertungshilfe der IHK Saarland

Die zweite Quelle für den hier verwendeten Vorbereitungsbogen war die IHK Beobachtungs- und Bewertungshilfe der IHK Saarland.

Diese Bewertungshilfe wurde vom Bogen des DIHK abgeleitet und hilft jetzt bei der Bewertung der Leistungen im Fach „Kundenberatung" durch die Prüfer im Saarland. Auch hier ist die klare KIV-Struktur vorzufinden. In diesem IHK-Bogen sind darüber hinaus noch Punkte, wie persönliche Ansprache und Blickkontakt aufgeführt. Daher habe ich auch diese Punkte mit in den Vorbereitungsbogen integriert.

Der für Sie entwickelte Vorbereitungsbogen ist auf der nächsten Seite abgedruckt. Sie können Ihn entweder auf DIN-A4 Format vergrößern oder bei unserem Onlineservice unter http://www.bm-consult.de *herunterladen.*

Vorbereitungsbogen mündliche Abschlussprüfung:

Kontaktphase: (Wetter, Geburt, Parkplätze, Ereignisse, Hobby...)

Was kann ich für Sie tun?

NAME: _____   **BLICKKONTAKT!**

Infophase: (Betrag, Dauer, Risiko, Steuern, Sicherheiten, Kapitaldienstfähigkeit, Anschaffungen...)

W-Fragen (wer, was, wann, wie viel, wozu...)	Antworten des Kunden

Nebenrechnungen:

NAME: _____   **BLICKKONTAKT!**

Verkaufsphase: (mögliche Produkte aufschreiben und im Gespräch streichen / Kundenvorteil)

NAME: _____   **BLICKKONTAKT!**

Cross-Selling: (Versicherungen, Kreditkarte, Bausparen, Ratensparen, Altersvorsorge, Fonds...)

Arbeiten mit dem Vorbereitungsbogen:

Wie bereits erwähnt, sind es nur „15 Minuten, die entscheiden". Die Vorbereitung des Falls ist von äußerster Wichtigkeit. Gehen Sie dabei wie folgt vor:

- Tragen Sie den Namen des „Kunden" in den drei Namensfeldern ein. Es ist wichtig, dass Sie den Kunden persönlich ansprechen. Durch die „fetten" Namensfelder erinnern Sie sich leichter wieder daran.

- Tragen Sie ein, über welches Thema Sie mit dem Kunden in der Kontaktphase sprechen. Die Kontaktphase ist nur ein paar Sätze lang.

- Tragen Sie sämtliche Fragen ein, die für die Beratung wichtig sind. (Tipp: 5 Fragen sind absolutes Minimum! Bei Kreditfällen erheblich mehr Fragen stellen!)

Standard-fragen

- Standardfragen:
  - o Welchen Betrag...?
  - o Wie lange...?
  - o Wären Sie bereit ein gewisses Risiko einzugehen, um...?
  - o Welche Verfügungsmöglichkeiten...?
  - o Welchen Ertrag...?

- Schreiben Sie die möglichen Produkte, die sich aus dem Prüfungsfall ergeben könnten, auf und streichen Sie diejenigen, die Sie aufgrund der später folgenden Informationsphase ausschließen können.

- Notieren Sie alle Möglichkeiten des „Cross-Selling" (Zusatzverkauf), die mit dem Fall zusammenhängen könnten. Streichen Sie auch hier diejenigen, die Sie aufgrund der später folgenden Informationsphase ausschließen können.

Auf den folgenden Seiten habe ich für Sie noch einmal zwei komplette Mustergespräche vorbereitet, die Sie für die danach folgenden Übungsfälle so richtig fit machen werden.

3.3   Mustergespräche

Beispiel Kontoführung / Zahlungsverkehr (Fall 4.9):

Person:	Text:
Kontaktphase	
Sie:	Guten Tag, Herr Klein. *(Hand geben)* Nehmen Sie doch bitte Platz! *(auf Platz hinweisen)*
Kunde:	Guten Tag. Danke.
Sie:	Na, haben Sie gleich einen Parkplatz gefunden?
Kunde:	Ja, ich hatte Glück. Es ist gerade jemand weggefahren.
Sie:	Seit gegenüber neu gebaut wird, sind einige Parkplätze weggefallen. Das macht uns manchmal zu schaffen.
Kunde:	Ja, beim letzten Mal musste ich ein Stück laufen.
Sie:	*(Lächeln)* Zum Glück wird der Neubau ja bald fertig, dann können Sie wieder direkt vor der Filiale parken. Was kann ich denn heute für Sie tun, Herr Klein?
Informationsphase	
Kunde:	Nun, Sie wissen ja, dass ich neulich das neue Modehaus in der City eröffnet habe. Bisher wurden die meisten Umsätze in Bar bezahlt. Jetzt möchte ich meinen Kunden allerdings eine modernere Zahlungsmöglichkeit anbieten. Außerdem suche ich eine bequemere Abwicklungsmöglichkeit unseres Zahlungsverkehrs.
Sie:	Ich verstehe Ihr Anliegen sehr gut. Um Sie optimal beraten zu können, brauche ich noch einige Informationen von Ihnen, Herr Klein. Ich werde Ihnen einige Fragen stellen und mir entsprechende Notizen dazu machen. Diese Notizen kann ich dann ggf. auch im Beratungsprotokoll verwenden und Ihnen im Nachgang zur Verfügung stellen. Einverstanden?
Kunde:	Ja, natürlich.
Sie:	Wie hoch ist Ihr ungefährer Tagesumsatz?
Kunde:	Das dürften etwa 25.000 EURO am Tag sein.

Informationsphase

Sie:	Wie hoch sind die einzelnen Transaktionen und wickeln Sie auch Online-Geschäft ab, Herr Klein?
Kunde:	Das ist sehr unterschiedlich. Die Einzelumsätze dürften wohl so zwischen 30 EURO und 1.500 EURO liegen. Bisher gibt es jedoch nur den stationären Vertrieb. Vielleicht sollte ich aber über den Onlinevertrieb nochmals nachdenken.
Sie:	Welche Zahlungsmöglichkeiten sollen Ihre Kunden haben?
Kunde:	Am liebsten wären mir alle gängigen Kartenzahlungsmittel. Also Bankkarte, Mastercard und Visa-CARD. Allerdings hängt das natürlich auch von den Kosten ab.
Sie:	In welcher Höhe können Sie sich die Kosten einer Transaktion vorstellen, Herr Klein?
Kunde:	Also höher als 3 – 4 % des Einzelumsatzes sollten die Kosten pro Transaktion nicht sein. Die einmaligen Anschaffungskosten stellen aber kein Problem dar.
Sie:	Wären Sie bereit, ein gewisses Risiko einzugehen, um Kosten zu sparen?
Kunde:	Welches Risiko meinen Sie? Was könnte im schlimmsten Fall passieren?
Sie:	Es gibt verschiedene Verfahren. Im einfachen Verfahren wird ein Lastschriftmandat vereinbart, das der Kunde per Unterschrift bestätigt. Es ist möglich, dass eine Rückbuchung der Lastschrift erfolgt und Sie Ihrem Geld „nachlaufen".
	In dem etwas aufwendigeren Verfahren gibt Ihr Kunde seine Geheimzahl ein. Danach wird im Rechenzentrum geprüft, ob Deckung vorhanden und ob die Karte nicht gesperrt ist. Entweder erhalten Sie nach dem Bezahlvorgang eine Zahlungsgarantie, oder die Transaktion wird abgewiesen. Das hat für Sie den Vorteil, dass Sie, Herr Klein, immer auf der sicheren Seite stehen.
Kunde:	Wenn der Kunde mit Karte zahlt, dann will ich auch sicher sein, dass ich das Geld bekomme. Daher nehme ich also lieber die zweite Variante.
	Was kostet mich denn das Verfahren?

Verkaufsphase

Sie:	Seien Sie doch bitte so freundlich und schauen Sie sich mit mir diesen Prospekt an. *(Sie legen dem Kunden den Prospekt vor.)* Hier sehen Sie noch einmal, wie die Verfahren funktionieren. Und hier, Herr Klein, sehen Sie die Kosten. Je nach Kartentyp und Verfahren sind die Kosten unterschiedlich hoch, sichern Ihre Position aber auch unterschiedlich gut ab. Bei jeder Transaktion Kosten für die Online Autorisierung. Der Preis pro Transaktion beträgt bei electronic cash ... und ... bei Kreditkarten *(Beträge je nach KI)* vom Umsatz. Und zuletzt noch die Buchung auf Ihrem Konto.
	Das hat für Sie zum einen den Vorteil, dass Sie einen niedrigeren Bargeldbestand in der Kasse haben und zum anderen profitieren Sie von der hohen Sicherheit.
Kunde:	Das hört sich doch schon mal ganz gut an. Aber ich brauche doch bestimmt noch ein Gerät, um die Karten zu lesen.
Sie:	Genau dazu wollte ich gerade kommen, Herr Klein. In Ihrem speziellen Fall empfehle ich Ihnen.... *(je nach KI)*. Mit diesem Terminal können Sie sämtliche Karten lesen. Sie brauchen also keine verschiedenen Systeme und die Bedienung durch Ihre Mitarbeiter ist denkbar einfach. Sie können dieses Terminal kaufen oder mieten. Der Preis beträgt EUR ... *(je nach KI)*. Ist das ein passendes Angebot für Sie?
Kunde:	Ja wunderbar. Das ist ja billiger als ich dachte. Dann machen Sie mir bitte den Mietvertrag für ... fertig. Ich möchte gerne das sichere Verfahren haben.
Sie:	So, Herr Klein. Dann unterschreiben Sie noch bitte hier. Ich bin sicher, Ihre Kunden werden von Ihrem neuen Service begeistert sein.
	Vorhin sagten Sie, dass Sie noch auf der Suche nach einer bequemeren Abwicklung Ihres Zahlungsverkehrs sind. Dazu stelle ich Ihnen auch noch einige Fragen. In Ordnung?

Informationsphase	Kunde:	Ja, gerne.
	Sie:	Wie wickeln Sie ihren Zahlungsverkehr zurzeit ab, Herr Klein?
	Kunde:	Sämtliche Rechnungen werden getippt und anschließend bei Ihrer Geschäftsstelle abgegeben. Das ist eine Menge Arbeit. Außerdem verursacht das relativ hohe Kontoführungsgebühren.
	Sie:	Verfügen Sie in Ihrem Unternehmen über einen Zugang zum Internet?
	Kunde:	Natürlich.
	Sie:	Welche größeren Geldein- oder -abgänge erwarten Sie in naher Zukunft?
	Kunde:	Nächste Woche erwarte ich 235.000 EURO aus einem Grundstücksverkauf.
	Sie:	Welche Pläne haben Sie mit dem Geld?
	Kunde:	Vorläufig habe ich damit noch keine konkreten Pläne.
Verkaufsphase	Sie:	So, Herr Klein. Ich fasse noch einmal kurz zusammen. Sie möchten Ihren Zahlungsverkehr schneller und bequemer erledigen und Sie verfügen über einen Internetzugang. Ist das soweit richtig?
	Kunde:	Ja, genau.
	Sie:	Ich empfehle Ihnen hier..... *(In diesem Bereich sind die KI sehr unterschiedlich. Beschreiben Sie einfach Ihr Angebot im Internet- bzw. Onlinebankingbereich z.B. PIN-TAN oder Mobile-TAN.)* Bei der Nutzung unseres ..... sparen Sie kostbare Zeit. Außerdem sind Sie völlig unabhängig von Schalteröffnungszeiten. Und das Beste daran ist, Sie sparen sogar noch bares Geld, denn die Kontoführungspreise beim Online-Banking betragen nur.... Ist das Angebot so, wie Sie es sich vorgestellt haben, Herr Klein?
	Kunde:	Oh ja, das ist aber sehr praktisch. Stellen Sie mir doch bitte die Unterlagen zusammen.

| Cross-Selling | Sie: | Gerne. Unterschreiben Sie bitte hier. Sie werden sehen, dass Sie wesentlich schneller und bequemer arbeiten können. |
| | | Ach, bevor ich es vergesse, was halten Sie davon, wenn wir für nächste Woche einen Termin vereinbaren? Dann könnte ich Ihnen einen Vorschlag unterbreiten, wie Sie Ihr Geld aus dem Grundstücksverkauf möglichst ertragreich anlegen können. |

Verabschiedung	Kunde:	Ja, das wäre fein.
	Sie:	Passt es Ihnen nächsten Dienstag um 10:00 Uhr?
	Kunde:	Ja, den Termin habe ich noch frei.
	Sie:	Alles klar, Herr Klein. Ich habe es notiert. Nächsten Dienstag um 10:00 Uhr. Bis dahin alles Gute und einen schönen Tag.
	Kunde:	Danke, ebenfalls. Auf Wiedersehen!
	Sie:	Auf Wiedersehen, Herr Klein!

Beispiel Geld- und Vermögensanlage (Fall 5.5):

	Person:	Text:
Kontaktphase	Sie:	Guten Tag, Herr Biene. *(Hand geben)* Nehmen Sie doch bitte Platz! *(auf Platz hinweisen)*
	Kunde:	Guten Tag. Danke.
	Sie:	Möchten Sie eine Tasse Kaffee?
	Kunde:	Ja gerne.
	Sie:	Schwarz oder mit Milch?
	Kunde:	Schwarz bitte.
	Sie:	Möchten Sie Zucker?
	Kunde:	Ja bitte.
	Sie:	Hier bitte Ihr Kaffee, Herr Biene. Was kann ich für Sie tun?
Informationsphase	Kunde:	Ich habe 100.000 EUR im Lotto gewonnen. Stellen Sie sich das nur mal vor. Soviel Glück kann man normalerweise gar nicht haben. Das Geld kommt mir aber gerade recht. Wir möchten zu Hause nämlich den Dachboden ausbauen. Den Restbetrag wollen wir dann aber gerne anlegen.
	Sie:	Herzlichen Glückwunsch, Herr Biene. Das freut mich für Sie. Um Sie optimal beraten zu können, werde ich Ihnen jetzt ein paar Fragen stellen und mir entsprechende Notizen dazu machen. Diese Notizen kann ich dann ggf. auch im Beratungsprotokoll verwenden und Ihnen im Nachgang zur Verfügung stellen. Einverstanden?
	Kunde:	Ja, selbstverständlich.
	Sie:	Wie hoch schätzen Sie die Kosten des Dachausbaus?
	Kunde:	Gute Frage. Ich schätze mal so um die 25.000 EUR.
	Sie:	Was halten Sie von einem kleinen Puffer, falls die Investition doch teurer wird?
	Kunde:	Guter Vorschlag. Wir sollten einen Puffer von rund 3.000 EUR einbauen.
	Sie:	Wie lange wird der Umbau voraussichtlich dauern?
	Kunde:	Wir wollten eigentlich in etwa 4 Monaten mit dem Umbau fertig sein.
	Sie:	Wann werden Sie mit dem Umbau beginnen?

Informationsphase

Kunde:	Ich muss erst noch einige Sachen besorgen und mit verschiedenen Leuten reden. Baubeginn sollte dann in etwa 3 Wochen sein.
Sie:	Was möchten Sie mit dem Geld auf dem Sparbuch und dem Girokonto anfangen?
Kunde:	Das Geld auf dem Sparbuch möchte ich als eine Art „Notgroschen" belassen. Aber vom Girokonto könnten wir 3.000 EUR mit anlegen.
Sie:	Welche Anschaffungen und in welcher Höhe werden nach dem Umbau noch folgen?
Kunde	Wir werden noch Möbel kaufen. Die werden so ungefähr 5.000 EUR kosten.
Sie:	Wie lange soll der Restbetrag angelegt werden, Herr Biene?
Kunde:	Ein Teil des Geldes kann ruhig für 5 Jahre angelegt werden. Aber 20 T€ sollte auch kurzfristig zur Verfügung stehen.
Sie:	Sind Sie bereit ein gewisses Risiko einzugehen, um eine bessere Rendite zu erzielen?
Kunde:	Gute Frage! Ich kann mir durchaus vorstellen ein begrenztes Risiko einzugehen. Ich will aber nicht alles verlieren. Darüber hinaus möchte ich mich, wenn möglich, vor Inflation schützen. Man weiß ja nie.
Sie:	Was halten Sie von einer Teilung des Betrages in verschiedenen Anlagen, Herr Biene?
Kunde:	Das kann ich mir durchaus vorstellen.
Sie	Bei welchen anderen Kreditinstituten haben Sie einen Freistellungsauftrag hinterlegt?
Kunde:	Bei keinem.
Sie:	Welche Erfahrungen haben Sie mit Fondsanlagen?
Kunde:	Ich hatte schon mal Fonds. Die sind aber zwischenzeitlich verkauft worden.
Sie:	Was halten Sie von Geldanlagen in Immobilien?
Kunde:	Immobilien finde ich gut. Damit bin ich auf jeden Fall vor einer Inflation sicher.
Sie:	Sie sind doch sicherlich daran interessiert, Steuern einzusparen.
Kunde:	Steuern sparen sollte man, wo immer es geht.
Sie:	Welche Vorsorge haben Sie für Ihr Alter getroffen?

	Kunde:	Bisher habe ich noch nicht vorgesorgt.
Infophase	Sie:	Haben Sie nach dem Umbau einen erhöhten Versicherungsbedarf?
	Kunde:	Oh gut, dass Sie mich daran erinnern. Da sollte ich in jedem Falle eine Absicherung schaffen.

	Sie:	So, Herr Biene. Ich fasse noch einmal kurz zusammen. Sie möchten mit den 100.000 EUR Ihren Dachboden ausbauen und den Restbetrag anlegen. Sie können sich einen Teil längerfristig und mit etwas Risiko angelegt vorstellen. Habe ich das soweit richtig notiert?
	Kunde:	Ja, so habe ich mir das grob vorgestellt.
Verkaufsphase	Sie:	Dann lassen Sie uns das kurz durchrechnen, Herr Biene *(mit dem Kunden zusammen durchrechnen, d.h. laut reden beim Rechnen)*

Berechnung des Kapitals

Projekt	+ / -	Betrag in EUR
Lotto	+	100.000
Girokonto	+	3.000
		103.000
Umbau	-	25.000
Möbel	-	5.000
Puffer	-	3.000
		70.000
Risiko	-	35.000
5 Jahre sicher	-	35.000
Rest		**0**

Verkaufsphase

Sie: **Berechnung des Freistellungsauftrages**:

Anlage	Prozent	Betrag	Rendite	FA
Sparbuch	0,25	4.500	11,25	11,25
Sparbrief	1,25	30.000	375	375
Anleihe	1,00	10.000	100	100
Immofonds	5,00*	50.000	2.500	1.000
Dachfonds	5,00	20.000	1.000	1.000
Inanspruchnahme:				**2.486,25**

*steuerfreier Anteil in diesem Beispiel 60 %.

Ich empfehle Ihnen, Herr Biene, 33.000 EUR auf einem Geldmarktkonto anzulegen. Hier haben Sie immerhin noch Zinsen im Vergleich zum Girokonto und können täglich über Ihr Geld verfügen. So können Sie je nach Baufortschritt immer passend zahlen.

Die übrigen 70.000 EUR möchten Sie gerne aufteilen. Dabei bietet sich eine Anlage in einem Dachfonds an. Sie zahlen z.B. Ihre 20.000 EUR in einen Fonds ein, der dann wieder in mehrere andere Fonds aufgeteilt ist. Da Sie eine etwas höhere Rendite erzielen möchten sollten Sie den..... *(je nach KI)* kaufen. Diesem Dachfonds sind auch Aktien beigemischt.

Die übrigen 50.000 EUR sollten Sie z.B. in einen Immobilienfonds investieren. Den Fonds können Sie nach 24 Monaten auch wieder verkaufen. Dieser Fonds bietet für Sie längerfristig eine bessere Rendite als eine Festanlage. Insbesondere profitieren Sie von steuerfreien Anteilen bei der Ertragsausschüttung. Diese Vorteile betragen bis zu..... Prozent *(je nach KI)*. Das Gute bei Aktien- und Immobilienfonds ist ferner, dass Sie in Sachwerte investieren und sich so auch eher vor Inflation schützen.

Sind Sie einverstanden, Herr Biene?

Kunde: Es ist zwar ziemlich kompliziert, aber ich sehe, Sie haben an alles gedacht. Machen wir es so!

Cross-Selling + Verabschiedung	Sie:	Gerne, unterschreiben Sie bitte hier. Jetzt steht einem erfolgreichen Umbau nichts mehr im Wege.
		Herr Biene, Sie sagten vorhin, Sie hätten noch nichts für die Altersvorsorge getan. Sind Sie daran interessiert zu erfahren, wie Sie im Alter Ihren Lebensstandard halten können?
	Kunde:	Ja, natürlich.
	Sie	Wie würde Ihnen ein Termin am nächsten Donnerstag passen, dann könnten wir alles Weitere besprechen? Sagen wir um 14:30 Uhr.
	Kunde:	Das wäre schön.
	Sie:	Dann kann ich Ihnen auch gerne ein Versicherungsangebot für Ihren Umbau machen.
	Kunde:	Das wäre klasse. Danke und bis Donnerstag.
	Sie:	Ja. Auf Wiedersehen, Herr Biene.

Bei allen Gehältern, die in den folgenden Fällen genannt werden, handelt es sich um Nettobeträge.

Beachten Sie bitte, dass in Ihrem Prüfungsgespräch nicht zwingend alle angeführten Lösungsvorschläge ein Thema sein müssen. Vielmehr sollen Sie Ihnen einen Eindruck vermitteln, mit welchen Problemen Sie konfrontiert werden könnten.

In einigen Regionen der Bundesrepublik kann es sein, dass Ihnen weniger Angaben über die Personen und Konten gemacht werden als in den folgenden Beispielen. Wenn dem so ist, erkennen Sie dies leicht in Ihrer Vorbereitungsphase. In diesem Fall müssen Sie während der Informationsphase noch mehr Fragen zu diesen Punkten stellen.

Fragen wie:

- „Welche sonstigen Geldanlagen haben Sie noch?",
- „Werden demnächst Geldanlagen fällig?",
- „Welche Kredite haben Sie?",
- „Bei welchen Instituten haben Sie Freistellungsaufträge in welcher Höhe eingereicht?",
- …

oder in ähnlicher Form sind in einem solchen Fall absolut Pflicht.

PRÜFUNGSFÄLLE

Kontoführung und Zahlungsverkehr

Mit Hilfe von 11 Praxisfällen zum Themenbereich Kontoführung und Zahlungsverkehr können Sie Ihr Wissen unter Beweis stellen. Zunächst wird Ihnen dazu, genau wie in der Prüfung, eine konkrete Fallbeschreibung vorgelegt, die Sie dann zur Übung lösen sollten. Im Punkt „verkäuferisches Verhalten" sind vor allem die Punkte erwähnt, die für den konkreten Fall besonders wichtig sind. Berücksichtigen Sie aber unbedingt auch die im Teil 1 genannten „Tipps für gute Gespräche".

4.1 Kontoeröffnung für einen Minderjährigen

Situation:

Helga Schmitt ist Kundin Ihrer Bank. Sie kommt heute zu Ihnen an den Schalter, um sich über die Eröffnung eines Girokontos für Ihren 15-jährigen Sohn Thomas zu informieren.

Thomas soll nach den Vorstellungen von Frau Schmitt mit einer Kundenkarte über das Konto verfügen können.

Beteiligte Personen:	
Person:	**Persönliche Angaben**
Helga Schmitt	Verheiratet 41 Jahre
Thomas Schmitt	15 Jahre, Schüler

Freistellungsauftrag Thomas Schmitt: 801 EUR

Kontenübersicht (E. = Eheleute Schmitt; T. = Thomas Schmitt):			
Kontoart	**Saldo (€)**	**Zins (%)**	**Sonstiges**
Giro (E.)	H 2.000	H 0,0 % S 9,50 %	2 Kundenkarten Dispo: 3.000 EUR
Sparbuch (E.)	H 30.000	H 0,25 %	3 Mon. Kündigungsfrist
Sparplan (T.)	H 5.000	H 1,80 %	3 Mon. Kündigungsfrist

Lösungsvorschläge:

Kundengespräch:

Kontaktphase:

- Einige Sätze Smalltalk über Wetter oder Weg zu Ihrer Bank
- Überleitung: *Was kann ich für Sie tun, Frau Schmitt?*

Informationsphase:

- Einleitung: *Um Sie ideal beraten zu können, werde ich Ihnen nun einige Fragen stellen und mir Notizen dazu machen, damit ich auch nichts vergesse. Diese Notizen kann ich dann ggf. auch im Beratungsprotokoll verwenden und Ihnen im Nachgang zur Verfügung stellen. Sind Sie damit einverstanden Frau Schmitt?*
- Zu welchem Zweck braucht Thomas das Konto?
- Welche Transaktionen werden über das Konto abgewickelt?
- Was hält Ihr Mann von einem eigenen Konto für Ihren Sohn?
- Welche Erfahrungen hat Thomas mit Bankgeschäften?
- Wer soll verfügungsberechtigt sein?
- Welche Transaktionen soll Ihr Sohn durchführen dürfen?
- Wann wird der Sparplan für Thomas fällig?
- Haben Sie einen PC (mit Internetzugang) zu Hause?
- Wie lange geht Ihr Sohn noch zur Schule?
- Welche Pläne hat Ihr Sohn nach der Schulzeit?

Fachliche Ziele:

- Modalitäten der Kontoeröffnung für Jugendliche erklären (Klären der Transaktionen, die Thomas durchführen darf)

Über-ziehungen bei Minder-jährigen

- Überziehungen auf dem Konto (nicht möglich)
- Legitimationen (Thomas und die Eltern) und Feststellen des wirtschaftlich berechtigten
- Unterschriften und Einverständnis der Eltern (beide)
- Kostenlose Kontoführung
- Verfügungsberechtigung der Eltern
- Verfügungen an Geldautomaten oder Bezahlen in Geschäften

- Onlinebanking / Mobile Banking / Telefonbanking
- Freistellungsauftrag einrichten

Verkäuferisches Verhalten:

- Frau Schmitt persönlich mit Ihrem Namen anreden
- Blickkontakt halten
- Bedenken von Frau Schmitt wegen möglicher Überziehungen behutsam ausräumen (*„Ich kann Ihre Sorge gut verstehen, Frau Schmitt. Ich versichere Ihnen aber, dass das Konto Ihres Sohnes bereits aus technischen Gründen nicht überzogen werden kann."*)
- Unterlagen zur Unterschrift vorbereiten und Frau Schmitt mitgeben
- Neuen Termin vereinbaren
- Visitenkarte und evtl. Prospekte mitgeben (z.B. Online- bzw. mobile banking)

Cross-Selling:

Vom Fall vorgegebenes Kundenbedürfnis: Geldverkehr

Cross-Selling-Potenzial:

- Homebanking für die Girokonten

Vernetzbares Bedürfnis I: Sparen und Anlegen

Cross-Selling-Potenzial:

- Sparbuch der Eheleute Schmitt anders anlegen

Vernetzbares Bedürfnis II: Vorsorgen und Absichern

Cross-Selling-Potenzial:

- Altersvorsorge für die Eheleute Schmitt
- Unfallversicherung für Thomas

4.2   Erbfall

Situation:

Frau Schulze kommt zu Ihnen. Ihre Mutter, Karla Grauhaar, ist überraschend bei einem Verkehrsunfall ums Leben gekommen. Frau Schulze hat noch einen Bruder, der aber nicht in der näheren Umgebung wohnt. Gisela Schulze legt Ihnen einen Erbschein vor.

Die Kundin ist verfügungsberechtigt über das Girokonto der Mutter und möchte sich wegen der Bezahlung der Beerdigungskosten erkundigen.

Informieren Sie Ihre Kundin über das weitere Vorgehen.

Beteiligte Personen:	
Person:	**Persönliche Angaben**
Karla Grauhaar	Verwitwet Zwei Kinder 68 Jahre Rentnerin
Gisela Schulze	Verheiratet Eine Tochter (Sabine Schulze) 34 Jahre Hausfrau

Freistellungsauftrag Karla Grauhaar: 801 EUR

Kontenübersicht Karla Grauhaar:			
Kontoart	**Saldo (€)**	**Zins (%)**	**Sonstiges**
Giro	H 50	H 0,25 % S 11,50 %	1 Kundenkarte Dispo: 1.000 EUR
Sparbuch	H 1.600	H 0,25 %	3 Mon. Kündigungsfrist
Sparbuch	H 2.500	H 0,25 %	Vertrag zu Gunsten Dritter für die Enkelin Sabine
Sparbrief	H 10.000	H 1,90 %	Fällig in 4 Jahren
Schließfach			

Erbschein

Amtsgericht Irgendwo

12345 Irgendwo, den 30. März 2...

Geschäftsnummer: XYZ / 123456789

Erbschein:

Es wird hiermit bezeugt, dass die am .... verstorbene, zuletzt in Irgendwo wohnhaft gewesene Frau **Karla Grauhaar**, geboren am 13.12.19.., aufgrund gesetzlicher Erbfolge

von Ihren Kindern:

1. Frau Gisela Schulze, geborene Grauhaar, geb. am 15.06.19.., wohnhaft in Irgendwo,

2. Herr Erwin Grauhaar, geb. am 22.08.19.., wohnhaft in Alpenland (Schweiz),

zu je ½ Anteil

beerbt worden ist.

Amtsgericht
Gez. Ehrlich
Richter am Amtsgericht

Lösungsvorschläge:

Kundengespräch:

Kontaktphase:

- Einleitung: *„Sie sind ja völlig aufgelöst, was ist denn passiert?"*
- Herzliches Beileid aussprechen
- Kundin zur Ruhe kommen lassen
- Überleitung: *„Wie kann ich Ihnen weiterhelfen, Frau Schulze?"*

Informationsphase:

- Einleitung: *„Lassen Sie uns die Einzelheiten einmal genau durchgehen, Frau Schulze. Ich mache mir einige Notizen und dann werden wir gemeinsam alles Weitere regeln."*
- Haben Sie einen Erbschein oder eine Sterbeurkunde dabei?
- (alternativ) Gibt es ein Testament?
- Wer sind die Erben?
- Wo wohnt Ihr Bruder?
- Kann Ihr Bruder wegen der weiteren Formalitäten hierher kommen?
- Wie hoch sind die Beerdigungskosten?
- Wohin soll das Geld überwiesen werden?
- Welche Beträge gingen vom Girokonto ab?
- Wo befinden sich die Sparurkunden Ihrer Mutter?
- Versuchen Sie herauszufinden, wie das Verhältnis zum Bruder von Frau Schulze ist, ohne explizit danach zu fragen.

Fachliche Ziele:

Schließfach

- Meldung der Konten, des Depots und des Schließfaches an das Finanzamt (bei Kontoständen am Tag vor dem Tode ab EUR 5.000,00 / bei Schließfach immer)
- Prüfung des Erbscheins, des Testamentes mit Eröffnungsvermerk oder der Sterbeurkunde (Sind Ihnen alle Erben bekannt? Wichtig wegen Verfügung über den Nachlass)

Nachlass-konto

- Konten als Nachlasskonten weiterführen
- Löschen unnötig gewordener Daueraufträge und Lastschrifteinzüge

- Charakter der Erbengemeinschaft erklären (alle Erben verfügen nur gemeinschaftlich über die Konten bzw. mit Vollmacht) **Erbengemeinschaft**

- Über Begleichung der Beerdigungskosten informieren (Zwar nicht genügend Guthaben auf dem Girokonto aber trotzdem unproblematisch, da der Verstorbenen eine angemessene Beerdigung zusteht und das Guthaben auf dem Sparbuch ausreicht. Achtung: Verfügungen über den Nachlass sind nur von allen Erben gemeinsam möglich.) **Beerdigungskosten**

- Nachlassvollmacht des Bruders für Frau Schulze mit Legitimation bei seiner Hausbank oder Haftungserklärung von Frau Schulze einholen (falls Bruder nicht vorbei kommen kann)

- Konto mit „Vertrag zu Gunsten Dritter" auf die Enkelin Sabine umstellen (unproblematisch, wenn der Vertrag durch die Enkelin angenommen wurde. Sonst evtl. Widerruf durch die Erben möglich, wenn die Enkelin nach den Erben Ihre Ansprüche anmeldet) **Vertrag zu Gunsten Dritter**

- Erbschaftssteuer, Steuerklassen und Freibeträge zur Erbschaftssteuer. Hier bietet sich ggf. eine Übersicht der Steuerklassen und Freibeträge an, die Sie im Vorfeld in Ihrer Mustermappe bereithalten.

Verkäuferisches Verhalten:

- Frau Schulze mit Ihrem Namen persönlich ansprechen

- Nutzen Sie Gestik und Mimik

- In jedem Fall Ihr herzliches Beileid aussprechen **Beileid aussprechen**

- Blickkontakt halten

- Verständnis für die Kundin aufbringen

- Der Kundin anbieten, für sie die Formalitäten zu erledigen (Daueraufträge und Lastschrifteinzüge löschen)

- Verwenden Sie nach Möglichkeit Formulierungen wie: *„Da helfe ich Ihnen gerne weiter..."* oder *„...das regle ich gerne für Sie Frau Schulze."*

- **Kein** aktives Cross-Selling anbieten **Kein aktives Cross-Selling**

- Löchern Sie die Kundin nicht mit Fragen, die Ihnen einen Zusatzverkauf ermöglichen sollen (Imageschaden).

- Langsam und ruhig die Sachverhalte und Ihr weiteres Vorgehen erklären.

- Geben Sie Frau Schulze Ihre Visitenkarte mit

- Bieten Sie der Kundin an, dass Sie sich jederzeit bei Fragen an Sie wenden kann.

- Bieten Sie Frau Schulze evtl. an, persönlich mit Ihrem Bruder in Kontakt zu treten. (Insbesondere, wenn das Verhältnis zwischen den Erben nicht so gut sein sollte)

Cross-Selling:

Versuchen Sie lediglich einen weiteren Termin zu vereinbaren, in dem Sie alles Weitere klären können. Zusatzverkäufe könnten Ihren Ruf als „guten Berater" gefährden.

In der Prüfung kommt es sicher gut an, wenn Sie auf Ihren Immobilienservice hinweisen, falls Frau Grauhaar in einem eigenen Haus gewohnt hat, dass jetzt verkauft werden soll.

4.3 Auslandszahlungsmittel / Inlandszahlungsverkehr

Situation:

Der Rentner Eduard Globetrotter kam vor einigen Wochen aus den Anden zurück. Da er jetzt eine Menge Zeit hat und ihn auch keine finanziellen Sorgen plagen, plant er auch in Zukunft zu verreisen.

In vier Wochen soll ihn seine nächste Reise nach Kanada führen. Da bei seinem letzten Aufenthalt etliche Mahnungen in seinem Briefkasten gelandet sind, möchte er sich erkundigen, ob es nicht bequemere Möglichkeiten gibt, die Rechnungen während seiner Abwesenheit zu begleichen.

Bei dieser Gelegenheit interessiert Herrn Globetrotter auch, wie er sich finanziell in Kanada möglichst komfortabel bewegen kann.

Beraten Sie Herrn Globetrotter!

Beteiligte Personen:	
Person:	**Persönliche Angaben**
Eduard Globetrotter	Ledig 62 Jahre Rentner Rente: 2.000,00 EUR monatlich

Freistellungsauftrag Eduard Globetrotter: 801 EUR

Kontenübersicht Eduard Globetrotter:			
Kontoart	**Saldo (€)**	**Zins (%)**	**Sonstiges**
Giro	H 1.500	H 0,00 % S 9,50 %	1 Kundenkarte Dispo: 4.000 EUR
Sparbuch	H 15.000	H 0,25 %	3 Mon. Kündigungsfrist
Sparbrief	H 10.000	H 3,00 %	In einem Jahr fällig
Fondsdepot	H 35.000		Verschiedene Immobilien- und Rentenfonds

Lösungsvorschläge:

Kundengespräch:

Kontaktphase:

- Begrüßen Sie Herrn Globetrotter freundlich und erkundigen Sie sich nach seinem letzten Aufenthalt in den Anden. Fragen Sie, ob er weitere Reisen geplant hat.

- Überleitung: *„Was kann ich für Sie tun, Herr Globetrotter?"*

Informationsphase:

- Einleitung*: „Damit Sie für den spannenden Aufenthalt in Kanada bestens gerüstet sind, brauche ich noch einige Informationen von Ihnen, zu denen ich mir Notizen machen werde. Diese Notizen kann ich dann ggf. auch im Beratungsprotokoll verwenden und Ihnen im Nachgang zur Verfügung stellen. Sind Sie damit einverstanden, Herr Globetrotter?"*

- Welche Mahnungen haben Sie denn bekommen?

- Welche weiteren Rechnungen könnten noch zur Zahlung anstehen?

- In welchem Rhythmus müssen die Rechnungen gezahlt werden?

- Wer ist bei Ihrem Girokonto noch bevollmächtigt?

- Wo werden Sie in Kanada unterwegs sein?

- Wie lange werden Sie voraussichtlich wegbleiben?

- Welche Aktivitäten planen Sie während Ihrer Abwesenheit?

- Wohin haben Sie weitere Reisen nach Ihrem Aufenthalt in Kanada geplant?

- Welche Reisezahlungsmittel haben Sie bisher verwendet?

- Wo sind Sie für das Ausland krankenversichert?

Fachliche Ziele:

SEPA Last-schrift

- Erklären Sie die SEPA-Basislastschrift und die dazugehörigen Vorteile. (Voraussetzungen für das Verfahren, Erteilung eines Mandats durch den Kunden, Information an den Kunden vor der Abbuchung, Rückgabe von Lastschriften durch Herrn Globetrotter möglich).

- In der Abgrenzung zur SEPA-Basislastschrift könnte der Prüfer auch noch die SEPA Firmenlastschrift hinterfragen (in diesem Fall nicht relevant, da Herr Globetrotter Verbraucher ist).

- Einrichtung von Daueraufträgen

- Vollmacht für das Girokonto

- Bargeld / Sorten (kleinerer Betrag für die erste Zeit)

- Reiseschecks:

  Sicheres Zahlungsmittel, das bei Verlust in der Regel binnen 24 Stunden ersetzt wird und der Einsatz mit doppelter Unterschrift erfolgt. Der Rücktausch gegen Bargeld oder zur Begleichung von Rechnungen ist möglich. Beim Erwerb wird normalerweise eine Provision fällig. **Reiseschecks**

- Kreditkarten:

  Sie haben mit Visa bzw. Mastercard weltweit die richtige Währung dabei und sind immer liquide. Monatlich wird eine übersichtliche Abrechnung erstellt. Die Karte dient der Zahlung von Rechnungen und der Bargeldversorgung. Teilweise sind Vertragsabschlüsse sogar nur mit Kreditkarte möglich. Versicherungsleistungen, vor allem bei Gold- oder Platinkarten, runden das Leistungspaket ab. Bei diesem bequemen Zahlungsmittel ist die Haftung (i.d.R. je nach Institut) auf 50,00 EUR pro Karte beschränkt, falls keine Sperrung der Kreditkarte vorgenommen wurde. Wurde die Karte gesperrt, so ist die Haftung des Inhabers ausgeschlossen. **Kreditkarten**

- girocard/ Maestro:

  Kartenfunktionen erklären (Bargeldbeschaffung am Automaten, Zahlung von Waren und Dienstleistungen mit Eingabe der PIN, girocard EU/ nationale Akzeptanz, Maestro internationale Akzeptanz) **Maestro** **girocard**

Verkäuferisches Verhalten:

- Herrn Globetrotter mit seinem Namen persönlich ansprechen.

- Blickkontakt halten, nutzen Sie Mimik und Gestik.

- Bieten Sie dem Kunden an, für ihn die Formalitäten zu erledigen (Daueraufträge und Lastschrifteinzüge einrichten).

- Zur Erklärung des SEPA-Lastschriftmandats kann eine Skizze der Rollen und des Ablaufs hilfreich sein.

- Nutzen Sie Ihre Prospekt-Mustermappe zur Visualisierung (z.B. Versicherungsleistungen der verschiedenen Kreditkarten oder Preisvergleiche der verschiedenen Zahlungsmittel).

- Berichten Sie Herrn Globetrotter auch aus Ihrer eigenen Erfahrung mit Auslandszahlungsmitteln.
- Geben Sie Herrn Globetrotter Ihre Visitenkarte mit.

Cross-Selling:

Vom Fall vorgegebenes Kundenbedürfnis: Geldverkehr

Aus dem Kundenbedürfnis Geldverkehr ergeben sich keine nennenswerten zusätzlichen Potenziale, da das gros der Produkte im Verkaufsgespräch ohnehin schon angesprochen bzw. verkauft wurde.

Vernetzbares Bedürfnis I: Sparen und Anlegen

Cross-Selling-Potenzial:

- Monatliches Sparen

Vernetzbares Bedürfnis II: Vorsorgen und Absichern

Cross-Selling-Potenzial:

- Auslandsreisekrankenversicherung
- Versicherung für Hausrat
- Schließfach für Wertsachen

4.4 Eröffnung eines Gemeinschaftskontos

Situation:

Gerade aus den Flitterwochen zurückgekehrt, hat das frisch vermählte Ehepaar Glücklich einen Termin mit Ihnen vereinbart.

Gut erholt steht Herr Glücklich nun alleine vor Ihnen und möchte ein neues Girokonto eröffnen. Bisher war nur Herr Glücklich, der Ihnen nur flüchtig bekannt ist, Kunde Ihres Institutes.

Gemeinsam möchte das Ehepaar Glücklich die Geschäftsverbindung zu Ihrem Haus ausdehnen.

Führen Sie das Kundengespräch!

Beteiligte Personen:	
Person:	**Persönliche Angaben**
Horst Glücklich	Verheiratet 31 Jahre Metzgermeister Gehalt: 1.900 EUR monatlich
Silke Glücklich	Verheiratet, geborene Frei 29 Jahre Krankenschwester Gehalt: 1.400 EUR monatlich

Freistellungsauftrag Horst Glücklich: 700 EUR

Kontenübersicht Horst Glücklich:			
Kontoart	**Saldo (€)**	**Zins (%)**	**Sonstiges**
Sparbuch	H 2.500	0,25 %	3 Mon. Kündigungsfrist
Sparbrief	H 10.000	2,20 %	Fällig in zwei Jahren
Sparbuch	H 1.330	1,00 %	Monatlicher Sparvertrag über 50,00 EUR

Lösungsvorschläge:

Kundengespräch:

Kontaktphase:

- Bedanken Sie sich für das pünktliche Erscheinen und gratulieren Sie noch einmal persönlich zur Hochzeit.

- Erkundigen Sie sich kurz nach Frau Glücklich und nach dem Ort und Dauer der Flitterwochen und fragen Sie nach, wie es den jung Vermählten gefallen hat.

- Überleitung: *„Ihre Frau hat mir ja bereits am Telefon in groben Zügen erklärt, worum es geht, Herr Glücklich. Doch was genau kann ich für Sie tun?"*

Informationsphase:

- Einleitung*: „Damit Sie Ihr Glück auf ein solides Fundament bauen können, werde ich Ihnen nun einige Fragen stellen und mir Notizen dazu machen. Diese Notizen kann ich dann ggf. auch im Beratungsprotokoll verwenden und Ihnen im Nachgang zur Verfügung stellen. In Ordnung?"*

- Auf welchen Namen soll das neue Konto eröffnet werden?

- Wer soll wie verfügungsberechtigt sein?

- Bei welcher Bank hatten Sie bisher Ihr Girokonto?

- Werden Sie das alte Girokonto weiterhin nutzen?

- Wo arbeiten Sie und Ihre Frau?

- Welche Gehälter werden auf dem Konto eingehen?

- Welche Karten haben Sie bei Ihrem alten Girokonto?

- Welche Karten möchten Sie bei Ihrem neuen Konto nutzen?

- Haben Sie einen PC/ Tablet oder Smartphone (mit Internetzugang) zu Hause?

- Wie häufig kaufen Sie online im Internet ein?

- Wie und wo haben Sie Ihre vermögenswirksamen Leistungen angelegt?

- Welche anderen Konten haben Sie noch bei anderen Banken?

- Sollen Ihre Sparbücher auf Eheleute umgeschrieben werden?

- Wie lautet Ihre Adresse?

- Wo und in welcher Höhe haben Sie Freistellungsaufträge eingerichtet?

- Haben Sie Ihre Heiratsurkunde dabei?

Fachliche Ziele:

- Klären Sie ab, um welches Konto es sich handeln soll (UND- / ODER - Konto).

  UND- / ODER -Konto

- Eröffnung eines Gemeinschaftsgirokontos für die Eheleute Glücklich (Legitimation von Frau Glücklich sowie Vorlage der Heiratsurkunde; Feststellen der wirtschaftlich Berechtigten, hier eindeutig)

  Gemein-schaftskonto

- Evtl. Mitteilung an andere Bank(en) zwecks Kontoschließung mit Überweisung des Restguthabens

- Umstellung der Sparbücher auf Eheleute oder Eintragung einer Verfügungsberechtigung (über den Tod hinaus)

- Klärung ob Kreditkarten ausgegeben werden können

- Einrichtung von Daueraufträgen oder Lastschrifteinzügen

- Problematik Dispositionskredit bei neuem Girokonto

- Änderung der Adresse, Onlinebanking, Telefonbanking

- Hinweis auf Ihre Institutseigenen Banking-Apps für Smartphone bzw. Tablet

- Einbinden bzw. Freischalten von paydirekt zur Durchführung von Zahlungen im Internet (je nach KI) für das Konto

  paydirekt

  - Sicheres bezahlen mit Benutzername und Passwort im Internet

  - Unmittelbare Zahlung des Betrages ohne Verzögerung, dadurch schnellere Lieferung der bestellten Ware

  - Datenschutz und Zahlungssystem „made in Germany" der deutschen Banken und Sparkassen

  - Kunden können einen Käuferschutz von 30 Tagen für den Fall, dass die Ware nicht geliefert wird, nutzen. Paydirekt unterstützt dann die Lösungsfindung mit dem Händler.

- Evtl. Anpassung des Freistellungsauftrages bei Ihrer sowie den anderen Banken (Maximaler Sparerpauschbetrag bei Eheleuten: 1.602 EUR, bei Ledigen: 801 EUR).

  Freistellungs-auftrag

Verkäuferisches Verhalten:

- Persönliche Ansprache, Blickkontakt, Gestik, Mimik
- Erklären Sie freundlich und langsam die einzelnen Produktmodalitäten (Kontoarten, Verfügungsberechtigung).
- Gehen Sie am besten jedes einzelne Sparbuch nacheinander mit Herrn Glücklich durch.
- Fertigen Sie Notizen, die Sie Herrn Glücklich als Gedächtnisstütze und seiner Frau zur Information mitgeben können.
- Versuchen Sie nicht mit Gewalt alle Konten der Eheleute Glücklich zu Ihrem Institut zu verlagern (nur falls die Kunden mit ihrer bisheriger Bankverbindung unzufrieden sind).
- Vereinbaren Sie einen weiteren Termin, an dem auch Frau Glücklich anwesend ist.
- Bieten Sie (falls vorhanden) Informationsmaterial für den neuen Lebensabschnitt, ein Hochzeitsgeschenk oder einen Gutschein für das frisch vermählte Paar an.
- Geben Sie Herrn Glücklich Ihre Visitenkarte.

Cross-Selling:

Vom Fall vorgegebenes Kundenbedürfnis: Geldverkehr

Cross-Selling-Potenzial:

- Onlinebanking für das Girokonto
- Kreditkarten

Vernetzbares Bedürfnis I: Steuern und staatl. Förderung

Cross-Selling-Potenzial:

- Bausparen

Vernetzbares Bedürfnis II: Vorsorgen und Absichern

Cross-Selling-Potenzial:

- Altersvorsorge für die Eheleute
- Weitere Versicherungen (Unfall, Haftpflicht etc.)

4.5 Kontoeröffnung für einen Verein

Situation:

Frau Barren stellt sich bei Ihnen als neue 1. Vorsitzende des „Turnvereins 1930 Irgendwo e.V." vor. Sie möchte ein neues Girokonto für den Verein eröffnen und legt Ihnen den folgenden beglaubigten Vereinsregisterauszug vor:

Auszug aus dem Vereinsregister:			
Verein:	**Personen:**	**Vertretung:**	Vereins-register-auszug
Name:	1. Vorsitzende:	1. Vorsitzender:	
Turnverein Irgendwo 1930 e.V.	Gisela Barren *13.02.1948	Vertritt den eingetragenen Verein alleine	
Sitz:	2. Vorsitzender: Harald Vorturner *26.05.1943	2. Vorsitzender und Kassenwart:	
Hauptstraße 17 in 12345 Irgendwo		Vertreten den eingetragenen Verein gemeinsam	
	Kassenwart: Armin Meier *02.01.1965		

Lösungsvorschläge:

Kundengespräch:

Kontaktphase:

- Begrüßen Sie Frau Barren freundlich und gratulieren Sie ihr zur Wahl der Vorsitzenden des Traditionsvereins.
- Reden Sie mit ihr kurz über den Verein (Mitgliederzahl, Aktivitäten, Veranstaltungen).
- Überleitung: *„Was kann ich denn für Sie tun, Frau Barren?"*

Informationsphase:

- Einleitung: *„Um Ihnen die für Ihren Verein maßgeschneiderten Leistungen anbieten zu können, brauche ich noch einige Informationen von Ihnen. Ich werde Ihnen nun einige Fragen stellen und mir Notizen dazu machen. Sind Sie damit einverstanden, Frau Barren?"*
- Auf welchen Namen soll das Konto eröffnet werden?
- Wer soll wie über das Konto verfügen können?
- Welche Transaktionen sollen über das Konto abgewickelt werden?
- Haben Sie die Satzung des Vereins dabei?
- Ist der Verein gemeinnützig und daher von der Körperschaftsteuer befreit?
- Liegt Ihnen eine Nichtveranlagungsbescheinigung des Finanzamtes vor?
- Haben Sie einen PC (mit Internetzugang)?
- Wie wickeln Sie den Einzug der Mitgliedsbeiträge ab?
- Welche Mitgliederverwaltung nutzen Sie zurzeit?

Fachliche Ziele:

**Vereins-
konto**

- Eröffnung eines Girokontos für einen eingetragenen Verein (Persönliche Legitimation aller Verfügungsberechtigten, Einholung von Vereinssatzung und beglaubigtem Vereinsregisterauszug)
- Prüfung der Vertretungsbefugnisse nach dem Vereinregisterauszug und / oder der Vereinssatzung

- Problematik Steuerzahlungen/ Abgeltungssteuer (Einholung einer NV-Bescheinigung) **NV-Bescheinigung**

- SEPA-Basislastschrift und die dazugehörigen Vorteile. (Voraussetzungen für das Verfahren ist die Unterzeichnung einer „Vereinbarung über den Einzug von Forderungen mittels SEPA-Basislastschrift", Erteilung eines Mandats durch das Mitglied, Information an die Mitglieder vor der Abbuchung, Rückgabe von Lastschriften durch Mitglieder möglich). **SEPA-Lastschrift**

- Abwicklung der SEPA-Basislastschrift:
    1. Mandat durch Mitglieder an den Verein und Info an die Hausbank
    2. Information der Mitglieder vor der Abbuchung (7-14 Tage)
    3. Einreichung der Lastschrift bei der eigenen Bank
    4. Weitergabe der Lastschrift an die Bank des Vereinsmitglieds
    5. Belastung des Kontos des Vereinsmitglieds
    6. Weiterleitung der Zahlung an die Hausbank des Vereins
    7. Gutschrift des Betrages auf das Vereinskonto
    8. Rückgabe der Lastschrift wegen Widerspruchs durch das Mitgleid möglich

- In der Abgrenzung zur SEPA-Basislastschrift könnte der Prüfer auch noch die SEPA Firmenlastschrift hinterfragen (in diesem Fall eher nicht relevant, da die Mitglieder in der Regel Verbraucher sind).

- Onlinebanking, Telefonbanking

- Ausgabe von Kundenkarten zur Nutzung von Selbstbedienungseinrichtungen

- Evtl. verschiedene Konten- und Preismodelle für Girokonten

- Evtl. Software zur Mitgliederverwaltung und Abwicklung der Lastschrifteinzüge

Verkäuferisches Verhalten:

- Persönliche Ansprache, Blickkontakt

- Erklären Sie freundlich und langsam die einzelnen Produktmodalitäten (Kontoarten, Verfügungsberechtigung).

- Fertigen Sie Notizen, die Sie Frau Barren als Gedächtnisstütze und Information mitgeben können. (erforderliche Unterlagen, Unterschriften und ähnliches)
- Erkundigen Sie sich nach anderen Bankverbindungen des Vereins. (Evtl. können später Konten übertragen werden)
- Visualisieren Sie den Ablauf des SEPA-Lastschriftverfahrens anhand einer Skizze, die Sie Frau Barren mitgeben.
- Bieten Sie an, alle Unterlagen zur Unterschriftsleistung der übrigen Beteiligten vorzubereiten oder geben Sie Frau Barren die Unterlagen mit (falls Ihnen die zeichnenden Personen bekannt und legitimiert sind).
- Vereinbaren Sie eventuell einen weiteren Termin, an dem am besten auch Herr Vorturner und Herr Meier mit anwesend sind.
- Bieten Sie die Vereinssoftware Ihres Institutes zur Mitgliederverwaltung und Abwicklung des Zahlungsverkehrs an.
- Geben Sie Frau Barren Ihre Visitenkarte.

Cross-Selling:

Vom Fall vorgegebenes Kundenbedürfnis: Geldverkehr

Cross-Selling-Potenzial:

- Einzug der Guthaben des Vereins bei anderen Banken
- Aufbau von Kundenbeziehungen zu den handelnden Personen

Vernetzbares Bedürfnis: Sparen und Anlegen

Cross-Selling-Potenzial:

- Anlegen von Überschüssen im Verein

4.6 Kontoeröffnung für eine GmbH

Situation:

Herr Großholz kommt zu Ihnen an den Schalter und möchte für seine neu gegründete „Großholz GmbH" ein Konto eröffnen. Mit Hilfe des neuen Girokontos sollen die ersten Geschäfte für die Firma abgewickelt werden.

Bisher war Herr Großholz als Privatkunde bei Ihrem Institut. Eröffnen Sie das Konto für die GmbH. Informieren Sie Herrn Großholz auch über die Möglichkeiten des Lastschrift- und beleglosen Zahlungsverkehrs.

Beteiligte Personen:	
Person:	**Persönliche Angaben**
Fred Großholz	Verheiratet
	Zwei Kinder
	36 Jahre
	Dipl.-Ing. Maschinenbau
	Geschäftsführer
	Gehalt: 5.000 EUR monatlich

Freistellungsauftrag Eheleute Großholz: 1.300 EUR

Kontenübersicht Eheleute Großholz:			
Kontoart	**Saldo (€)**	**Zins (%)**	**Sonstiges**
Giro	H 15.800	H 0,00 %	2 Kundenkarten
		S 11,25 %	1 Kreditkarte
			Dispo: 4.000 EUR
Sparbuch	H 8.000	H 0,25 %	3 Mon. Kündigungsfrist
Bausparvertrag	H 7.500	H 1,00 %	Bausparsumme:
			40.000 EUR

Lösungsvorschläge:

Kundengespräch:

Kontaktphase:

- Begrüßen Sie Herrn Großholz freundlich und erkundigen Sie sich nach dem Wohlergehen seiner Familie.
- Überleitung: *„Was kann ich für Sie tun, Herr Großholz?"*

Informationsphase:

- Einleitung: *„Es freut mich, dass junge Menschen wie Sie den Schritt in die Selbständigkeit wagen. Damit ich Ihnen für Ihre Firma ein ideales Angebot unterbreiten kann, brauche ich noch einige Informationen. Daher werde ich ihnen nun einige Fragen stellen und mir Notizen dazu machen. Diese Notizen kann ich dann ggf. auch im Beratungsprotokoll verwenden und Ihnen im Nachgang zur Verfügung stellen. Sind Sie damit einverstanden, Herr Großholz?"*
- Wann wurde die GmbH gegründet?
- Um welche Art GmbH handelt es sich? Eine Einmann GmbH/ Unternehmergesellschaft?
- Wann wird die GmbH voraussichtlich ins Handelsregister eingetragen?
- Haben Sie eine Satzung der GmbH dabei?
- Wer ist Gesellschafter, Geschäftsführer oder Prokurist?
- Worin besteht der Geschäftszweck der GmbH?
- Welche geschäftlichen Kontakte haben Sie bereits geknüpft?
- Vertreiben Sie die Produkte in der GmbH auch online über das Internet?
- Wer soll welche Vollmacht für das Konto erhalten?
- Werden Sie einen Kontokorrentkredit benötigen? In welcher Höhe?
- In welcher Höhe werden die Umsätze in etwa sein?
- In welcher Form möchten Sie Ihre Forderungen einziehen?
- Was wissen Sie über das Lastschrifteinzugsverfahren?
- Wie möchten Sie Ihren Zahlungsverkehr abwickeln?
- Haben Sie einen PC (mit Internetzugang) bzw. ein Smartphone?

- Eröffnung eines Girokontos für die GmbH (mit Zusatz in Grün- **Eröffnung**
  dung). Persönliche Legitimation aller Verfügungsberechtigten **eines Giro-**
  und Kopie der Papiere, Einholung der Satzung bzw. des Ge- **kontos für**
  sellschaftsvertrages sowie eines beglaubigten Handelsregis- **eine GmbH**
  terauszuges. In diesem Fall den Auszug sobald wie möglich
  nachreichen lassen.

- Prüfung der Vertretungsbefugnisse gemäß der Satzung, des **Vertretungs-**
  Gesellschaftsvertrages oder des Handelsregisterauszuges **befugnisse**
  (Gesetzliche Regelung: der Geschäftsführer vertritt die Gesell- **bei der GmbH**
  schaft. Bei mehreren Geschäftsführern gemeinsame Vertre-
  tung der Gesellschaft.)

- Passendes Kontenpreismodell für die GmbH auswählen (Um-
  satz- oder Postenprovision)

- Vorvertragliche Informationen zur Kontoeröffnung und Abfrage
  des wirtschaftlich Berechtigten

- Lastschriftverfahren (Unterschied zwischen SEPA Basislast-
  schrift und SEPA Firmenlastschrift erläutern) vgl. zur Basislast-
  schrift auch Fall 4.5. Die SEPA-Firmenlastschrift kann bei
  Nicht-Verbrauchern verwendet werden und funktioniert sehr
  ähnlich. Der Unterschied besteht darin, dass die mandatieren-
  den Kunden die Zahlstelle im Vorfeld der Abbuchung informieren. Dadurch kann die Bank die Korrektheit der Abbuchung im
  Vorfeld überprüfen und die Widerspruchsmöglichkeit durch den
  Kunden entfällt.

- Belegloser Zahlungsverkehr mit Hilfe von Onlinebanking,
  Smartphone App oder Datenträgeraustausch

- Für den Fall, dass die Großholz GmbH auch Onlinegeschäfte **paydirekt**
  anbietet kann ggf. paydirekt als Zahlungsmöglichkeit eine Rolle spielen

- Klärung von Fragen, die mit der Kontoeröffnung im Zusammenhang stehen (Kontoauszüge, Karten, Vordrucke)

- Persönliche Ansprache, Blickkontakt

- Auf die vorvertraglichen Informationen zur Kontoeröffnung sollten Sie nur kurz eingehen. Die Zeit brauchen Sie für das Beratungsgespräch.

- Erklären Sie freundlich und langsam die einzelnen Produktmodalitäten (Kontoarten, Verfügungsberechtigung).

- Machen Sie Notizen, die Sie Herrn Großholz als Gedächtnisstütze und Information mitgeben können. (erforderliche Unterlagen, Unterschriften und ähnliches)

- Visualisieren Sie den Ablauf des SEPA-Lastschriftverfahrens
  anhand einer Skizze, die Sie Herrn Großholz mitgeben. Die
  SEPA Firmenlastschrift ist für Herrn Großholz grundsätzlich
  vorteilhafter (kein Widerspruch), in der Praxis allerdings nicht
  so weit verbreitet.

- Nutzen Sie eine Übersicht zur Verdeutlichung der Funktionsweise von paydirekt (ggf. aus Ihrer Mustermappe)

- Bieten Sie an, alle Unterlagen zur Unterschrift der übrigen Beteiligten vorzubereiten oder geben Sie Herrn Großholz die Unterlagen zum Unterschreiben mit (falls Ihnen die zeichnenden
  Personen bekannt und legitimiert sind).

- Wünschen Sie Herrn Großholz zum Abschied viel Erfolg bei
  seinem Start in die Selbständigkeit.

- Überreichen Sie Herrn Großholz Ihre Visitenkarte.

Cross-Selling:

Vom Fall vorgegebenes Kundenbedürfnis: Geldverkehr

Cross-Selling-Potenzial:

- Kontokorrentkredit

Vernetzbares Bedürfnis I: Sparen und Anlegen

Cross-Selling-Potenzial:

- Anlage des Geldes auf dem Privatgirokonto

Vernetzbares Bedürfnis II: Vorsorgen und Absichern

Cross-Selling-Potenzial:

- Altersvorsorge

- Private Krankenversicherung

4.7   Betreuung

Situation:

Die Ihnen unbekannte Eva Friedvoll kommt zu Ihnen an den Schalter. Sie weist sich als Betreuerin ihrer Nachbarin Maria Alt aus. Frau Alt ist langjährige Kundin Ihrer Bank.

Nach dem Tode von Herrn Alt hat sich der Gesundheitszustand Ihrer Kundin zusehens verschlechtert. Zwischenzeitlich wird Sie in einem nahe gelegenen Pflegeheim betreut.

Da Frau Alt keine näheren Verwandten hat, möchte sich Frau Friedvoll nun über die Vermögensumstände von Frau Alt informieren.

Führen Sie das Kundengespräch!

Beteiligte Personen:	
Person:	**Persönliche Angaben**
Maria Alt	Verwitwet 82 Jahre Rentnerin Rente: 900 EUR monatlich
Eva Friedvoll	Verheiratet 46 Jahre

Freistellungsauftrag: 801 EUR

Kontenübersicht Maria Alt:			
Kontoart	**Saldo (€)**	**Zins (%)**	**Sonstiges**
Giro	H 3.000	H 0,00 % S 9,75 %	1 Kundenkarte, Dispo: 2.000 EUR
Sparbuch	H 18.000	H 0,25 %	3 Mon. Kündigungsfrist
Sparvertrag	H 10.000	H 1,50 %	Fällig in 2 Jahren
Wertpapier-depot	H 6.000	H 2,00 %	Industrieanleihen XY-AG 2004 (Kurs 96,50)

Betreuer-
ausweis   Geschäftszeichen: XYZ / 987654321

Bestellung:

Eva Friedvoll, geboren am 27.02.19..,
Hauptstrasse 123
12345 Irgendwo

ist für Frau Maria Alt, geboren am 12.11.19..,

zur Betreuerin bestellt

Der Aufgabenkreis umfasst:

- Vermögensangelegenheiten
- Erbrechtliche Angelegenheiten

Die Betreuerin vertritt die Betroffene im Rahmen ihres Aufgabenkreises gerichtlich und außergerichtlich.

Nach Beendigung des Amtes ist die Urkunde an das Vormundschaftsgericht zurückzugeben.

Ort und Tag:

<u>Irgendwo, 13.07.2...</u>
Amtsgericht

Gez. Rechtspfleger –Löblich-

Lösungsvorschläge:

Kundengespräch:

Kontaktphase:

- Begrüßen Sie Frau Friedvoll freundlich.
- Erkundigen Sie sich nach dem Wohlergehen von Frau Alt und nach den näheren Umständen (Welches Pflegeheim, Dauer des Aufenthalts).
- Überleitung: *„Was kann ich für Sie tun, Frau Friedvoll?"*

Informationsphase:

- Darf ich mir eine Kopie des Betreuerausweises machen?
- Haben Sie Ihren Personalausweis oder Reisepass dabei?
- Wird Frau Alt auch noch selbst zur Bank kommen können?
- Was passiert mit dem Haus, in dem Frau Alt bisher wohnte?
- Haben Sie eine allgemeine Ermächtigung des Vormundschaftsgerichtes?
- Wie hoch sind die Pflegekosten im Heim?
- Welchen Teil davon übernimmt die Pflegeversicherung?
- Um welche Pflegestufe handelt es sich?

Fachliche Ziele:

- Prüfung des Betreuerausweises (Wichtig: „Betreuung in Vermögensangelegenheiten") **Betreuerausweis**
- Kopie des Betreuerausweises anfertigen
- Legitimation der Betreuerin anhand des Personalausweises
- Information über die einzelnen Konten und Kontostände sowie Umsätze auf den Konten
- Änderungen der Vollmachten für die Konten (Aufnahme des Betreuers)
- Änderung der Adresse von Frau Alt
- EDV-Vermerk, dass eine Betreuung vorliegt.
- Thematik Mündelsicherheit von Geldanlagen durch den Betreuer **Mündelsicherheit**

- Evtl. „Vertrag zugunsten Dritter für den Todesfall" für eventuelle Erben

Verkäuferisches Verhalten:

- Persönliche Ansprache, Blickkontakt
- Achten Sie darauf, nicht zu stark als „Verkäufer" aufzutreten. Das Gespräch ist auch nur sehr bedingt für Zusatzverkäufe geeignet.
- Empfehlen Sie aktiv die Einholung einer „allgemeinen Ermächtigung".
- Bieten Sie Ihre Hilfe an, falls das Haus von Frau Alt vermietet oder verkauft werden sollte.
- Machen Sie Frau Friedvoll Aufzeichnungen über die verschiedenen Konten der Betreuten.
- Bieten Sie an, Frau Alt persönlich im Pflegeheim zu besuchen, um Dinge in Sachen Kontoführung zu regeln.
- Richten Sie Frau Alt liebe Grüße aus und wünschen Sie ihr eine gute Besserung.
- Geben Sie Frau Friedvoll Ihre Visitenkarte.

Cross-Selling:

Dieses Gespräch ist **nur bedingt** für den Zusatzverkauf geeignet!

- Evtl. „Vertrag zugunsten Dritter für den Todesfall"
- Mündelsichere Geldanlagen des Geldes auf dem Sparbuch und dem Girokonto (Achtung: Verfügbarkeit wegen der möglichen Zahlungen an das Pflegeheim)

4.8   Vertrag zu Gunsten Dritter

Situation:

Ihre langjährige Kundin Hedwig von Altenberg hatte sich angekündigt, um einige Dinge bezüglich ihrer Konten zu erledigen.

Da sich besonders ihr Freund Helmut Gutherz immer um Sie kümmert, möchte Sie ihm für ihren Todesfall einen Sparvertrag zukommen lassen.

Ferner möchte Frau von Altenberg ihrer 9-jährigen Enkelin Julia zum 18. Geburtstag ebenfalls einen Sparvertrag schenken.

Führen Sie das Beratungsgespräch!

Beteiligte Personen:	
Person:	**Persönliche Angaben**
Hedwig von Altenberg	Verwitwet
	Zwei Kinder
	66 Jahre
	Rentnerin
	Rente: 1.200 EUR monatlich

Freistellungsauftrag: 801 EUR

Kontenübersicht Hedwig von Altenberg:			
Kontoart	**Saldo (€)**	**Zins (%)**	**Sonstiges**
Giro	H 100	H 0,00 %	1 Kundenkarte
		S 11,25 %	Dispo: 3.500
Sparbuch	H 10.000	H 0,50 %	3 Mon. Kündigungsfrist
Sparbrief	H 12.000	H 2,50 %	3 Jahre Restlaufzeit
Fondsdepot	H 15.000		Verschiedene Immobilien- und Rentenfonds

Lösungsvorschläge:

Kundengespräch:

Kontaktphase:

- Begrüßen Sie Frau von Altenberg freundlich.
- Erkundigen Sie sich nach ihrem Wohlergehen und nach ihrer Enkelin, sowie nach Herrn Gutherz.
- Überleitung: *„Was kann ich für Sie tun, Frau von Altenberg?"*

Informationsphase:

- Einleitung: *„Um Ihnen einen passenden Vorschlag unterbreiten zu können, benötige ich noch einige Informationen. Ich werde Ihnen daher ein paar Fragen stellen und mir Notizen dazu machen. Sind Sie damit einverstanden Frau von Altenberg?"*
- Welchen Sparvertrag möchten Sie Herrn Gutherz zukommen lassen?
- Für welchen Fall soll Herrn Gutherz das Geld zugesprochen werden?
- Darf Herr Gutherz etwas von seiner Begünstigung erfahren?
- In welchem verwandtschaftlichen Verhältnis stehen Sie zu Herrn Gutherz?
- Welchen Vertrag möchten Sie Ihrer Enkelin Julia zukommen lassen?
- Für welchen Fall soll Ihrer Enkelin das Geld zugesprochen werden?
- Dürfen Julia oder ihre Eltern etwas von der Begünstigung erfahren?
- Wo wohnen Ihre Kinder?
- Was werden Ihre Kinder erben?
- Was halten Sie davon, auch monatlich etwas Geld zu sparen?

Fachliche Ziele:

- Information über den Charakter des Vertrages zu Gunsten **Vertrag zu** Dritter (Rechtlich: Schenkungsvertrag, der bei Eintreten einer **Gunsten** festgelegten Bedingung wirksam wird. Im Allgemeinen emp- **Dritter** fiehlt es sich, die Schenkung bereits vor Eintritt der Bedingung annehmen zu lassen, da sonst ein Widerruf durch die Erben möglich ist.)
    - Herr Gutherz (Vertrag zu Gunsten Dritter für den Todesfall von Frau von Altenberg)
    - Enkelin Julia (Vertrag zu Gunsten Dritter für den Fall der Vollendung des 18. Lebensjahrs von Julia oder des Todes von Frau von Altenberg)
- Information über den Ablauf des Verfahrens bei Tod von Frau von Altenberg.

Vertrag bereits angenommen:	Vertrag noch nicht angenommen:
Tod der Schenkenden	Tod der Schenkenden
Nachweis des Ablebens	Nachweis des Ablebens
Umschreibung des Vertrages auf den Begünstigten	entweder
Meldung an das Finanzamt mit Angabe des Begünstigten und Höhe des Betrages	Annahme der Schenkung durch den Begünstigten (Vorgehen wie links beschrieben)
Zahlung der Erbschaftsteuer je nach Verwandtschaftsgrad durch den Begünstigten	oder
	Widerruf der Schenkung durch die Erben (Vorgehen wie unten beschrieben)
	⇩
	Sparvertrag geht in die übrige Erbmasse ein und wird dem Finanzamt gemeldet

- Evtl. Herausgabeanspruch durch die Kinder von Frau von Al- **Herausgabe-** tenberg. (Sollten die Kinder weniger als den Erbpflichtteil er- **anspruch der** halten, so haben sie einen Herausgabeanspruch auf das Geld **Erben** beim Vertrag zu Gunsten Dritter.)

- Erwähnen Sie die Möglichkeit, dass die Bank den Begünstigten sofort nach dem Tode des Kontoinhabers informiert, damit dieser die Schenkung annehmen kann (falls die Schenkung noch nicht angenommen wurde).

Verkäuferisches Verhalten:

- Persönliche Ansprache, Blickkontakt
- Erklären Sie die Unterschiede beim Vertrag zu Gunsten Dritter mit und ohne Annahme der Schenkung langsam und Schritt für Schritt (eine grafische Verdeutlichung wäre von Vorteil).
- Empfehlen Sie, dass die Schenkung zu Gunsten des Herrn Gutherz möglichst bald angenommen werden sollte.
- In der Regel wird der Prüfer Ihrer Empfehlung folgen. Sollte er dies nicht tun, so merken Sie sich: **„nie überreden"**. Erfüllen Sie den Wunsch Ihres Kunden.
- Lassen Sie nicht den Verdacht aufkommen, Sie würden den Kindern Ihrer Kundin nicht trauen (Widerruf der Schenkung falls der Vertrag nicht angenommen wurde). Zeigen Sie einfach den Vorteil einer schnellen und unkomplizierten Abwicklung sowie die Erfüllung des Wunsches Ihrer Kundin auf.
- Empfehlen Sie Frau von Altenberg, einen Bevollmächtigten für das Girokonto zu bestimmen (Kinder oder Herr Gutherz). Vorteil: *„...falls Sie einmal in Urlaub oder erkältet sein sollten..."*
- Zeigen Sie Verständnis für die Entscheidung Ihrer Kundin und bestärken Sie sie, indem Sie sagen, dass relativ viele Leute einen Vertrag zu Gunsten Dritter abschließen.
- Überreichen Sie Frau von Altenberg Ihre Visitenkarte.

Cross-Selling:

Vom Fall vorgegebenes Kundenbedürfnis: Geldverkehr

Cross-Selling-Potenzial:

- Eintrag einer Vollmacht über das Girokonto

Vernetzbares Bedürfnis I: Sparen und Anlegen

Cross-Selling-Potenzial:

- Evtl. monatliches Sparen (für Enkelin)

Vernetzbares Bedürfnis II: Vorsorgen und Absichern

Cross-Selling-Potenzial:

- Sterbegeldversicherung

4.9   Kartenzahlungssysteme

Situation:

Herr Klein ist Inhaber eines neu eröffneten Modehauses in der City. Er möchte seinen Kunden moderne Zahlungsmöglichkeiten anbieten. Bisher wurden die meisten Umsätze in Bar bezahlt.

Außerdem sucht Herr Klein nach einer bequemen Möglichkeit, den Zahlungsverkehr abzuwickeln.

Beteiligte Personen:	
Person:	Persönliche Angaben
Peter Klein	Verheiratet Ein Kind 42 Jahre selbständig Gehalt: 4.000 EUR monatlich

Freistellungsauftrag: 600 EUR

Kontenübersicht Peter Klein:			
Kontoart	Saldo (€)	Zins (%)	Sonstiges
Giro (Geschäft)	S 7.500	H 0,00 % S 8,75 %	Kontokorrentkredit: 9.000 EUR
Festgeld (Geschäft)	H 10.000	H 0,75 %	monatliche Prolongation

Lösungsvorschläge:

Kundengespräch:

Kontaktphase:

- Begrüßen Sie Herrn Klein freundlich.
- Smalltalk (zum Beispiel Parkplatz)
- Überleitung: *„Was kann ich für Sie tun, Herr Klein?"*

Informationsphase:

- Einleitung: *„Ich verstehe Ihr Anliegen sehr gut. Um Sie optimal beraten zu können, brauche ich noch einige Informationen von Ihnen, Herr Klein. Ich werde Ihnen jetzt ein paar Fragen stellen und mir Notizen dazu machen. Diese Notizen kann ich dann ggf. auch im Beratungsprotokoll verwenden und Ihnen im Nachgang zur Verfügung stellen. Einverstanden?"*
- Wie hoch sind Ihre Tagesumsätze in etwa?
- Wie hoch sind die einzelnen Transaktionen?
- Werden auch Onlineverkäufe über das Internet angeboten (Onlineshop)?
- Welche Zahlungsmittel möchten Sie Ihren Kunden anbieten?
- In welcher Höhe können Sie sich die Kosten pro Transaktion vorstellen?
- Wären Sie bereit ein gewisses Risiko einzugehen, um Kosten zu sparen?
- Wie wickeln Sie Ihren Zahlungsverkehr zurzeit ab?
- Verfügen Sie in Ihrem Unternehmen über einen PC mit Internetzugang bzw. Mobile Endgeräte/ Smartphones?
- Erwarten Sie in naher Zukunft größere Geldein- und Geldausgänge?
- Welche Pläne haben Sie mit dem Geld?
- Wozu dient das Geld auf dem Festgeldkonto?

Fachliche Ziele:

- Onlinebanking, Smart-Phone Apps bzw. belegloser Zahlungsverkehr

- Information über die verschiedenen Karten (Kreditkarte, girocard, Bankkarte [Maestro] und Geldkarte)
- Hardwarevoraussetzungen und Kosten für die verschiedenen Kartenlesegeräte (Miet- bzw. Kaufverträge, Onlinekosten)
- Informieren Sie über die verschiedenen Zahlungsformen mit den dazugehörigen Kosten, Vor- und Nachteilen.

girocard

  o Electronic cash/ girocard (SEPA Standard „mit Zahlungsgarantie" und Umsatzprovision. Online Autorisierung nach Eingabe der Geheimzahl, Karten- und Deckungsprüfung, Kunde erhält bei positiver Rückmeldung eine Zahlungsgarantie)

Maestro

  o Maestro (ähnlich dem electronic cash/ girocard jedoch internationaler Standard mit etwas höherer Umsatzprovision)

Kreditkarte

  o Kreditkarten (Standard sind MasterCard und Visa. Online-Autorisierung mit Unterschrift oder PIN in der Regel mit Zahlungsgarantie. Relativ hohe Umsatzprovision)

Geldkarte

  o Geldkarte (Zahlung i.d.R. von Kleinbeträgen über den Chip auf der Kundenkarte. Ein entsprechender Betrag wird auf den Chip übertragen. Dieser Betrag kann dann verfügt werden)

  o SEPA Lastschriftmandat („ohne Zahlungsgarantie" Automatische Erstellung einer Lastschrift nach Kundenunterschrift)

paydirekt

- Für den Fall, dass Herr Klein auch einen Onlineshop betreibt kann auch paydirekt Gesprächsthema sein.

  o Sicheres bezahlen mit Benutzername und Passwort im Internet.

  o Unmittelbare Zahlung des Betrages ohne Verzögerung, dadurch schnellere Lieferung der bestellten Ware

  o Datenschutz und Zahlungssystem „made in Germany" der deutschen Banken und Sparkassen

  o Kunden können einen Käuferschutz von 30 Tagen für den Fall, dass die Ware nicht geliefert wird, nutzen. Paydirekt unterstützt dann die Lösungsfindung mit dem Händler.

Verkäuferisches Verhalten:

- Persönliche Ansprache, Blickkontakt

- Stellen Sie Herrn Klein die unterschiedlichen Kartentypen und deren Funktionen vor. Zeigen Sie dem Kunden die Karten, falls Sie diese griffbereit haben.

- Erklären Sie die Unterschiede der Verfahren. Fertigen Sie eine Skizze zur Visualisierung der Transaktionsabwicklung an, die Sie dem Kunden mitgeben.

- Häufig verfügen Institute über Sonderangebote bezüglich der Lesegeräte. Informieren Sie den Kunden darüber.

- Verwenden Sie Prospekte, falls es verschiedene Lesegeräte bzw. Miet-, Leih- oder Kaufverträge gibt.

- Erläutern Sie die Funktionsweise und das Preismodell von pay-direkt anhand einer Grafik aus Ihrer Mustermappe.

- Erwähnen Sie mögliche Folgegeschäfte und vereinbaren Sie einen weiteren Termin.

- Wünschen Sie Herrn Klein auch für die Zukunft geschäftlichen Erfolg.

- Streuen Sie auch ein, dass Sie sich noch das ein oder andere Kleidungsstück kaufen wollten und auch mal bei Herrn Klein vorbeischauen würden.

- Geben Sie Herrn Klein Ihre Visitenkarte und verabschieden Sie sich freundlich.

Cross-Selling:

Vom Fall vorgegebenes Kundenbedürfnis: Geldverkehr

Cross-Selling-Potenzial:

- Erhöhung des Kontokorrentkredites
- Kontoverbindung ausbauen (auch auf den Privatbereich)

Vernetzbares Bedürfnis: Sparen und Anlegen

Cross-Selling-Potenzial:

- Festgeld evtl. anders anlegen
- Kontoverbindung ausbauen (auch auf den Privatbereich)

4.10 Dokumenteninkasso, -akkreditiv

Situation:

Herr Kelter ist Geschäftsführer der „Weinimport GmbH" und bereits seit langem Kunde Ihrer Bank. Bisher hatte sich Herr Kelter auf erlesene Weine aus Frankreich, Italien und Spanien spezialisiert. Doch wie Sie bereits wissen, hält Herr Kelter seit längerem nach anderen interessanten Weinanbaugebieten Ausschau.

In der vergangenen Woche hat Herr Kelter nun einen Termin vereinbart, um sich über Auslandsgeschäfte zu erkundigen. Er teilte Ihnen mit, dass er einen Geschäftspartner in Südafrika kontaktiert hätte, bei dem er nun beabsichtige, eine größere Menge Wein einzukaufen.

Beraten Sie den Kunden über die verschiedenen Abwicklungsmöglichkeiten und die damit verbundenen Risiken.

Beteiligte Personen:

Person:	Persönliche Angaben
Johann Kelter	Verheiratet 49 Jahre Geschäftsführer der „Weinimport GmbH"

Kontenübersicht „Weinimport GmbH":

Kontoart	Saldo (€)	Zins (%)	Sonstiges
Giro (Geschäft)	H 4.000	H 0,00 % S 9,50 %	Kontokorrentkredit: 5.000 EUR
Avalkredit	0	S 8,75 %	Limit: 15.000 EUR

Erste Angaben zum Kontrakt

Geschäftspartner	Daten der Lieferung
Finest Wine South Africa	300 Flaschen Rotwein „Red Ferry 20.." zu je 7,20 USD 200 Flaschen Rotwein „Blue Moon 20.." zu je 8,50 USD Lieferung CIF Hamburg

Lösungsvorschläge:

Kundengespräch:

Kontaktphase:

- Begrüßen Sie Herrn Kelter freundlich.
- Reden Sie mit Herrn Kelter über seinen Partner in Südafrika. (Wie ist der Kontakt entstanden? War er schon einmal dort?)
- Überleitung: *„Was genau möchten Sie wissen, Herr Kelter?"*

Informationsphase:

- Einleitung: *„Ich bin sicher, dass wir eine gute Lösung für Sie finden werden, Herr Kelter. Um Ihnen das ideale Abwicklungsverfahren empfehlen zu können, benötige ich noch einige Informationen. Ich werde Ihnen jetzt ein paar Fragen stellen und Notizen dazu machen. In Ordnung, Herr Kelter?"*
- *„Ich fasse noch einmal kurz zusammen, was Sie mir bereits mitgeteilt haben, Herr Kelter..."(siehe „Erste Angaben zum Kontrakt")*
- Welche weiteren Informationen haben Sie noch (welche Dokumente)?
- Wie gut kennen Sie die Firma in Südafrika?
- Welche Erfahrungen haben Sie mit der Firma?
- Welches Abwicklungsverfahren wünscht sich Ihr Geschäftspartner?
- Welche Erfahrungen haben Sie mit dokumentären Zahlungen im Ausland?
- Was wissen Sie über INCOTERMS?
- Unterhalten Sie US-Dollar-Konten?
- Inwieweit haben Sie Währungsrisiken einkalkuliert?
- Wie lange werden Sie schätzungsweise brauchen, um die Weine hier zu verkaufen?
- Können Sie sich vorstellen, auch in Zukunft öfter Geschäfte mit dieser Firma abzuschließen?

Fachliche Ziele:

- In der Regel werden sowohl die „Vorauszahlung" als auch die „Zahlung gegen einfache Rechnung" in der Prüfung entfallen.

- Information über das Dokumenteninkasso (Vorteil für die **Dokumenten-** „Weinimport GmbH", da die Zahlung erst bei Annahme der Do- **inkasso** kumente beim Importeur geleistet wird. Niedrigere Kosten für den Importeur, da das Verfahren leichter abgewickelt wird [insbesondere die Prüfung der Dokumente entfällt].)

- Information über das Dokumentenakkreditiv (Vorteil für „Finest **Dokumenten-** Wine", da die Bank aufgrund des eröffneten Akkreditivs bereits **akkreditiv** bei Vorlage ordnungsgemäßer Dokumente zahlt. Höhere Kosten für den Importeur wegen der Eröffnung des Akkreditivs und Erteilung des Zahlungsversprechens der Bank.)

- INCOTERMS erklären, insbesondere die Bedeutung der bei- **INCOTERMS** den Varianten (generell für jeden Transport geeignet oder speziell nur für See- und Binnenschifffahrt geeignet). Erklären von „CIF" („Cost, Insurance and Freight" ➲ der Exporteur zahlt die Kosten für den Transport und die Versicherung bis zum Zielhafen [z.B. Hamburg]. Der Importeur zahlt die Kosten für Fracht und Versicherung vom Zielhafen bis zu seiner Niederlassung.)

- Währungsrisiken bei USD Devisenkauf erklären **Devisen-**

- Absicherungsmaßnahmen zur Minimierung der Währungsrisi- **terminkauf** ken anbieten (Devisenterminkauf: Heute bereits den Dollarkurs des Zahlungsdatums sichern)

Verkäuferisches Verhalten:

- Persönliche Ansprache, Blickkontakt

- Erklären Sie den Ablauf des Dokumenteninkassos und des Dokumentenakkreditivs unbedingt anhand eines Schaubildes, das Sie Ihrem Kunden skizzieren (Nur mit Worten wird das ganze Gebilde zu abstrakt und Sie verlieren leicht den Überblick). Tipps zur Visualisierung finden Sie auch unter *http://www.bm-consult.de.*

- Stellen Sie die Vorteile der einzelnen Verfahren für den Importeur und den Exporteur dar.

- Zeigen Sie die Problematik der Währungsrisiken an einem praktischen Zahlenbeispiel auf und sprechen Sie unbedingt laut, während Sie Ihrem Kunden vorrechnen.

Zahlenbeispiel Währungsrisiken

Rechenschritt (nennen!):	Ergebnis (nennen!):
300 Flaschen zu je 7,20 USD	2.160,00 USD
200 Flaschen zu je 8,50 USD	1.700,00 USD
Gesamtsumme	3.860,00 USD
Beispielberechnung für das Währungsrisiko:	
3.860,00 USD bei einem Kurs von 1 EUR = 1,10 USD	3.509,09 EUR
3.860,00 USD bei einem Kurs von 1 EUR = 1,35 USD	2.859,26 EUR
Differenz: **Kurs- bzw. Währungsrisiko**	**649,83 EUR**

- Geben Sie Herrn Kelter die Aufzeichnungen zur Gedächtnisstütze mit.
- Weisen Sie Herrn Kelter darauf hin, dass es sich bei „CIF" um ein für ihn vorteilhaftes INCOTERM handelt.
- Bieten Sie an, dass Sie bei Rückfragen gerne jederzeit zur Verfügung stehen.
- Geben Sie Herrn Kelter Ihre Visitenkarte und verabschieden Sie sich freundlich.

Cross-Selling:

Vom Fall vorgegebenes Kundenbedürfnis: Geldverkehr

Cross-Selling-Potenzial:

- Erhöhung des Kontokorrentkredites
- Evtl. USD-Konto, falls weitere Transaktionen geplant sind
- Auslandszahlungsmittel für den Fall einer Südafrikareise

Vernetzbares Bedürfnis: Sparen und Anlegen

Cross-Selling-Potenzial:

- Privatkundengeschäft mit Herrn Kelter

4.11 Nachttresor, Einzahlungsautomat und Geldwäschegesetz

Situation:

Frau Puschnik ist bereits seit langem Kundin Ihrer Bank. Sie betreibt zusammen mit Ihrem Mann einen gut gehenden Metzgereibetrieb. Vor einigen Wochen haben die Puschniks ihre dritte Filiale eröffnet. Die täglichen Einzahlungen schwanken zwischen zehn- und achtzehntausend EURO.

Frau Puschnik möchte sich nun erkundigen, ob Sie ihr eine Möglichkeit bieten können, wie Sie Bargeld auch nach Geschäftsschluss bei der Bank einzahlen kann.

Informieren Sie die Kundin.

Beteiligte Personen:

Person:	Persönliche Angaben
Manuela Puschnik	verheiratet 41 Jahre kinderlos Metzgereifachverkäuferin, Gehalt: 1.200 EUR monatlich
Robert Puschnik	Ehemann von Manuela Puschnik 43 Jahre Metzgermeister

Freistellungsauftrag: 1.400 EUR

Kontenübersicht Eheleute Puschnik:

Kontoart	Saldo (€)	Zins (%)	Sonstiges
Giro (privat)	H 4.200	H 0,25 % S 11,50 %	2 Kundenkarten Dispo: 8.000 EUR
Giro (Geschäft)	H 12.000	S 9,00 %	Kontokorrentkredit: 10.000 EUR
VL-Sparen	H 2.000	H 3,50 %	Läuft seit 4 Jahren
Geldmarktkonto	H 4.000	H 2,40 %	
Darlehen	S 95.000	S 7,25 %	Läuft seit 4 Jahren, mtl. Rate 1.900 EUR

Lösungsvorschläge:

Kundengespräch:

Kontaktphase:

- Begrüßen Sie Frau Puschnik freundlich.
- Reden Sie mit Ihrer Kundin über die neue Filiale und wie das Geschäft so läuft.
- Überleitung: *„Was kann ich für Sie tun, Frau Puschnik?"*

Informationsphase:

- Einleitung: *„Sicherlich kann ich Ihnen hier weiterhelfen. Um Ihnen ein maßgeschneidertes Angebot unterbreiten zu können, benötige ich noch einige Informationen. Ich werde Ihnen daher ein paar Fragen stellen und mir Notizen dazu machen. In Ordnung, Frau Puschnik?"*
- Wie hoch sind die täglichen Einzahlungen durchschnittlich?
- Wann zahlen Sie das Geld normalerweise ein?
- Haben Sie die Möglichkeit nach Geschäftsschluss bei unserer Filiale vorbei zu kommen?
- Wer ist der wirtschaftlich Berechtigte bei den regelmäßigen Einzahlungen?

Fachliche Ziele:

Nachttresor

- Erklären Sie der Kundin die Nutzung des Nachttresors:
  - o Bargeld wird in eine Stahlkassette gelegt und in den Nachttresor eingeworfen. Am nächsten Geschäftstag wird das Geld gezählt und dem Konto gutgeschrieben.

Vier-Augen-Prinzip

  - o Das Geld wird nach dem „Vier-Augen-Prinzip" gezählt. Das bedeutet, dass zwei Mitarbeiter der Bank die Kontrolle des Geldes übernehmen. Dies ist vor allem wichtig, wenn es Differenzen geben sollte.
  - o Versicherung des Geldes im Nachttresor und für den Weg zum Nachttresor (je nach KI)
  - o Preis für die Nutzung des Tresors
  - o Vertrag schließen

- Wenn die täglichen Einzahlungen einen Betrag von 15.000 EUR überschreiten, macht es Sinn, eine Vereinbarung zur „Dauereinzahlung Geldwäschegesetz" zu schließen. **Dauereinzahlung Geldwäschegesetz**

- Zwischenzeitlich setzen sich auch immer stärker sogenannte Cash-Recycler durch. Dabei handelt es sich um Automaten, an denen Ein- und Auszahlungen abgewickelt werden können.

    o   Im Vergleich zum klassischen Nachttresor können hier allerdings nur Noten eingezahlt werden.

    o   Einzahlungen über 15.000 EUR hinaus sind i.d.R. nicht möglich.

    o   Angebot in der Regel kostenfrei und unmittelbare Wertstellung auf dem Konto

Verkäuferisches Verhalten:

- Sprechen Sie Frau Puschnik persönlich mit ihrem Namen an.

- Halten Sie Blickkontakt, nutzen Sie Gestik und Mimik.

- Fassen Sie am Ende der Informationsphase noch einmal die wichtigsten Kundenbedürfnisse zusammen.

- Zeichnen Sie Frau Puschnik die Funktionsweise des Nachttresors auf.

- Falls Sie die Nutzung des Nachttresors kostenlos anbieten, so stellen Sie das besonders in den Vordergrund.

- Bieten Sie der Kundin an, ihr zu zeigen, wie der Nachttresor bedient wird. (Öffnen der Kassette, Beleg ausfüllen, Öffnen des Nachttresors, Einwurf der Kassette und Benutzung der Münzen)

- Bereiten Sie wenn notwendig alle Verträge vor, falls Frau Puschnik mit Ihrem Mann darüber reden möchte.

- Vereinbaren Sie gleich einen neuen Termin.

- Verabschieden Sie sich freundlich und geben Sie Frau Puschnik Ihre Visitenkarte mit.

Cross-Selling:

Vom Fall vorgegebenes Kundenbedürfnis: Geldverkehr

Cross-Selling-Potenzial:

- Kreditkarten

Vernetzbares Bedürfnis: Vorsorgen und Absichern

Cross-Selling-Potenzial:

- Altersvorsorge
- Berufsunfähigkeitsversicherung
- Sachversicherungen für die Filiale

Geld- und Vermögensanlage

Nachdem Sie jetzt die eher fachlich angehauchten Fälle der Kontoführung und des Zahlungsverkehrs trainiert haben, bewegen wir uns jetzt gemeinsam in die Welt der Geld- und Vermögensanlage. Bei diesen Fällen können Sie Ihrem verkäuferischen Geschick freien Lauf lassen. Gerade im Bereich des Cross-Selling lässt sich oft eine Menge mehr erreichen als im vorangegangenen Kapitel. Beachten Sie auch hier bitte die „Tipps für gute Gespräche".

5.1 Sichere Kapitalanlage

Situation:

Frau Sommer zeigt Ihnen ihren Kontoauszug. Es sind 15.000 EUR aus einem fälligen Sparvertrag von einer anderen Bank eingegangen. Der Betrag soll neu angelegt werden. Frau Sommer ist sicherheitsorientiert.

Beraten Sie Frau Sommer!

Beteiligte Personen:	
Person:	**Persönliche Angaben**
Heike Sommer	Ledig 26 Jahre Tennislehrerin, Gehalt: 1.600 EUR monatlich

Freistellungsauftrag: 600 EUR

Kontenübersicht Heike Sommer:			
Kontoart	**Saldo (€)**	**Zins (%)**	**Sonstiges**
Giro	H 19.000	H 0,00 % S 9,25 %	1 Kundenkarte Dispo: 3.900 EUR
Sparbuch	H 7.500	H 0,50 %	3 Mon. Kündigungsfrist

Lösungsvorschläge:

Kundengespräch:

Kontaktphase:

- Begrüßen Sie Frau Sommer freundlich und bieten Sie ihr eine Tasse Kaffee an.
- Fragen Sie Frau Sommer, wie es in der aktuellen Tennissaison mit der Mannschaft läuft und welche Pläne sie mit der Mannschaft hat.
- Überleitung: *„Was kann ich für Sie tun, Frau Sommer?"*

Informationsphase:

- Einleitung: *„Ich bin sicher, dass wir die richtige Geldanlage für Sie finden, Frau Sommer. Um Sie optimal beraten zu können, benötige ich aber noch einige Informationen. Ich werde Ihnen daher jetzt einige Fragen stellen und mir Notizen dazu machen. Diese Notizen kann ich dann ggf. auch im Beratungsprotokoll verwenden und Ihnen im Nachgang zur Verfügung stellen. Sind Sie damit einverstanden, Frau Sommer?"*
- Welche Vorstellungen haben Sie bezüglich Ihrer Geldanlage?
- Welchen Betrag möchten Sie anlegen?
- Möchten Sie auch einen Teil des Sparguthabens mit anlegen?
- Wie lange soll das Geld angelegt werden?
- Wären Sie bereit, ein gewisses Risiko einzugehen, um eine höhere Rendite zu erzielen?
- Wie war das Geld bisher angelegt?
- Möchten Sie während der Laufzeit über Teile der Summe verfügen können?
- Sollen während der Laufzeit weitere Gelder eingezahlt werden?
- Was halten Sie von einer Aufteilung der Summe auf verschiedene Anlagen?
- Welche Geldanlagen hatten Sie bisher?
- Wozu brauchen Sie das Geld?
- Möchten Sie auch monatlich noch Geld sparen?
- Welche Vorkehrungen haben Sie bezüglich Ihrer Altersvorsorge getroffen?
- Wo und in welcher Höhe haben Sie Freistellungsaufträge eingerichtet?

Fachliche Ziele:

- Ein solcher Fall wird in der Regel auf eine Spareinlage hinaus-
laufen. Möglicherweise lassen sich auch Teile des Geldes auf
dem Girokonto oder dem Sparbuch mit anlegen. **Spareinlage**

- Erklären Sie Frau Sommer die Modalitäten der passenden
Sparform. (Kündigungsfristen und Kündigungssperrfristen,
Zinssatz, Zinszahlung und Verfügbarkeit) **Kündigungs-
frist, Kündi-
gungssperrfrist**

- Charakter einer Sparurkunde (Verfügungen Dritter über gekün-
digte Beträge, Schuldurkunde)

- Evtl. Eintragung einer Vollmacht bzw. eines Sperrvermerks,
sodass nur Frau Sommer als Kontoinhaberin Verfügungen vornehmen darf.

- Möglicherweise kann auch ein Teil des Geldes auf einem
Geldmarktkonto geparkt werden. Erklären Sie die Unterschiede
zur Spareinlage und die kurzfristige Verfügbarkeit. **Geldmarktkonto**

- Evtl. Legitimation von Frau Sommer anhand ihres Ausweises

- Evtl. Erhöhung des Freistellungsauftrages

- Bedingt durch das aktuelle Niedrigzinsniveau können auch alternative relativ sichere Geldanlagen gestreift werden:
  o Immobilienfonds (vgl. Fall 5.2)
  o Industrieanleihe oder Inhaberschuldverschreibung Ih-
    res Instituts (vgl. Fall 5.9)

Verkäuferisches Verhalten:

- Frau Sommer persönlich mit ihrem Namen ansprechen

- Blickkontakt halten

- Fassen Sie die wichtigsten Punkte aus der Informationsphase
noch einmal zusammen und unterbreiten Sie Ihr Angebot.

- Sprechen Sie in einer bildhaften Sprache, wenn Sie die Erträge
aus der Geldanlage beziffern (*„...damit können Sie Ihren neuen
Tennisschläger kaufen...“*).

- Zeigen Sie die Vorteile der Geldanlage für den Kunden auf
(*„...damit haben Sie eine sichere Geldanlage, bei der Sie genau wissen wie hoch Ihr Zinsertrag ist. Außerdem haben Sie
den Vorteil, dass Sie bereits nach ... Monaten wieder bequem
an Ihr Geld kommen...“*).

- Falls Sie selbst diese Anlageform schon einmal hatten, so erzählen Sie Frau Sommer von Ihren guten Erfahrungen mit dem Produkt.
- Geben Sie Frau Sommer Ihre Visitenkarte.

Cross-Selling:

Vom Fall vorgegebenes Kundenbedürfnis:

Sparen und Anlegen

Cross-Selling-Potenzial:

- Monatliches Sparen

Vernetzbares Bedürfnis I: Geldverkehr

Cross-Selling-Potenzial:

- Kreditkarte(n)

Vernetzbares Bedürfnis II: Steuern und staatl. Förderung

Cross-Selling-Potenzial:

- Bausparen

Vernetzbares Bedürfnis III: Vorsorgen und Absichern

Cross-Selling-Potenzial:

- Altersvorsorge
- Unfallversicherung
- Berufsunfähigkeitsversicherung
- Sachversicherungen für die Filiale

5.2 Kapitalanlage in Investmentfonds

Situation:

Herr Friedhelm Jäger ist langjähriger Kunde Ihres Kreditinstitutes. Der begeisterte Schütze wurde im vergangenen Jahr Schützenkönig im Bogenschießen.

Heute kommt er unangemeldet zu Ihnen und berichtet, dass er beim letzten Training von Geldanlagen in Aktienfonds erfahren habe. Paul Flopper, den Sie auch kennen, hat Herrn Jäger von den „tollen Gewinnen" vorgeschwärmt, die man mit Aktienfonds machen könne.

Informieren Sie Herrn Jäger über eine Geldanlage in Aktienfonds!

Beteiligte Personen:	
Person:	**Persönliche Angaben**
Friedhelm Jäger	Ledig 46 Jahre Stahlarbeiter, Gehalt: 1.600 EUR monatlich Schützenkönig im Bogenschießen

Freistellungsauftrag: 700 EUR

Kontenübersicht Friedhelm Jäger:			
Kontoart	**Saldo (€)**	**Zins (%)**	**Sonstiges**
Giro	H 3.000	H 0,00 % S 9,50 %	1 Kundenkarte Dispo: 4.900 EUR
Sparbuch	H 12.000	H 0,50 %	3 Mon. Kündigungsfrist
Geldmarktkonto	H 5.000	H 0,80 %	
Sparbrief	H 5.000	H 2,50 %	1 Jahr Restlaufzeit
Depot	H 10.000	H 3,75 %	IHS Ihres Hauses Kurs: 103,5 2 Jahre Restlaufzeit

Lösungsvorschläge:

Kundengespräch:

Kontaktphase:

- Begrüßen Sie Herrn Jäger freundlich und erkundigen Sie sich nach seinem Hobby.
- Überleitung: *„Was kann ich für Sie tun, Herr Jäger?"*

Informationsphase:

- Einleitung: *„Investmentfonds sind in den letzen Jahren immer häufiger gefragt. Bevor ich Ihnen die verschiedenen Fonds erläutere, möchte ich mich über Ihren Wissensstand bezüglich der Investmentfonds informieren. Die Notizen hierzu kann ich dann ggf. auch im Beratungsprotokoll verwenden und Ihnen im Nachgang zur Verfügung stellen. Einverstanden?"*
- Was hat Ihnen Herr Flopper denn bisher über Investmentfonds berichtet?
- Beabsichtigen Sie ebenfalls Geld in dieser Anlageform zu investieren?
- In wie weit sind Ihnen die Risiken bekannt?
- Welche Erfahrungen haben Sie bisher mit Wertpapieren gemacht?

An dieser Stelle unterbrechen Sie die Informationsphase und erklären Herrn Jäger alle Modalitäten der Fondsanlage, die er noch nicht kennt, aber wissen sollte. Im Anschluss daran setzen Sie die Informationsphase fort.

- Welchen Betrag möchten Sie anlegen?
- Wie lange möchten Sie das Geld anlegen?
- Wie möchten Sie das Kapital aufteilen? (Aktien-, Renten-, Immobilienfonds / nationale oder internationale Fonds)
- Wie viel Geld möchten Sie monatlich einzahlen?
- Inwieweit sollen Umschichtungen von den bestehenden Geldanlagen vorgenommen werden?
- Welche Maßnahmen haben Sie zur Altersvorsorge bereits getroffen?
- Wo und in welcher Höhe haben Sie Freistellungsaufträge eingerichtet?

Fachliche Ziele:

- Information über Fondsanlagen (Es hängt natürlich auch immer vom Wissenstand des Kunden ab, welche Modalitäten verlangt werden.) **Investment-fonds**

  o Funktionsweise: Fonds ➲ „Topf mit Geld", der durch ein Fondsmanagement (Spezialisten) in Wertpapiere oder Immobilien investiert wird. Der Kunde erhält Anteile am gesamten Fondsvermögen, mit einem veränderlichen Kurs.

  o Verfügbarkeit: Die Fondsanteile können täglich verkauft werden. Der Gegenwert wird zwei Tage (Valuta) später auf dem Konto gutgeschrieben. Beim Kauf umgekehrt.

  o Kosten: Ausgabeaufschlag erklären und Kunden über Fonds ohne Ausgabeaufschlag informieren ➲ höhere Vertriebsprovision. Der Ausgabeaufschlag bzw. die Vertriebsprovision ist die Prämie für das professionelle Fondsmanagement.

  o Verwahrung: Die Fondsanteile werden in einem Depot bei der Hausbank oder der Fondsgesellschaft verwahrt. Zeigen Sie die Vorteile auf und nennen Sie Preise für die Depots.

  o Erträge: Ausschüttung und Thesaurierung erklären, sowie die Chancen der Kurssteigerungen nennen und an Hand eines Beispiels zeigen.

  o Besteuerung: Kapitalerträge sind steuerpflichtig, sie können aber durch Erteilung eines Freistellungsauftrages freigestellt werden. Die Freistellung ist über den Sparer-Pauschbetrag möglich (beträgt für Eheleute max. 1.602 EUR und für Ledige max. 801 EUR). Auf sämtliche privaten Kapitalerträge wie z.B. Zinsen, Dividenden oder realisierte Kursgewinne wird die pauschale Abgeltungssteuer i.H.v. 25 % und daraus 5,5 % Solidaritätszuschlag berechnet. Ferner erfolgt seit 2015 die automatische Ermittlung des Kirchensteuereinbehaltes. Hierzu sind alle KI verpflichtet die Religionszugehörigkeit einmal jährlich beim Bundeszentralamt für Steuern zu erfragen. Das Amt übermittelt dann das Kirchensteuerabzugsmerkmal (KISTAM) an das KI. Dieser Mitteilung durch das Amt kann der Kunde widersprechen. **Abgeltungs-steuer**

  Für Aktien oder Fonds, die vor dem 01. Januar 2009 angelegt wurden, gilt der so genannte Bestandsschutz. Insofern die Anlage länger als 1 Jahr gehalten und erst danach Kursgewinne realisiert werden, bleiben diese Kursgewinne komplett steuerfrei. Details zur Abgeltungssteuer s. Fall 5.6 Steuerlich optimierte Geldanlage.

o Risiken: Währungs- und Kursrisiken erklären; auch Zusammenhänge mit Konjunktur und Zinsen kurz erwähnen. Auf die Verteilung der Risiken auf verschiedene Aktien oder Rententitel sowie Immobilienobjekte hinweisen.

o Cost-Average-Effekt: an einem Beispiel erklären für den Fall, dass der Kunde monatlich Geld in einen Fonds investiert.

o Arten: Aktien-, Renten- und Immobilienfonds kurz mit den durchschnittlichen Renditen vorstellen. Auch die empfohlene Anlagedauer der verschiedenen Fonds nennen. Erklären Sie auch Misch- bzw. Dachfonds, die in alle drei Fondsarten gleichzeitig investieren. Eine weitere Variante sind ETF (Exchange-traded Funds). Dabei handelt es sich um an der Börse gehandelte Indexfonds. ETF haben keinen Fondsmanager und werden nicht aktiv verwaltet. ETF bilden vielmehr einen Index (z.B. den Dax) eins zu eins ab. Die Kosten eines ETF sind i.d.R. deutlich niedriger als bei einem aktiv verwalteten Fonds.

o Inflation: Bei einer Anlage Immobilien- oder Aktienfonds besteht ein gewisser Inflationsschutz (Euroschwäche & europäische Schuldenkrise). Hinter der jeweiligen Anlageform steht ein entsprechender Sachwert (z.B. Boden, Gebäude, Fahrzeuge, Maschinen oder Rohstoffvorkommen). Im Falle von Inflation behalten diese Güter einen gewissen Wert, was sich auf den jeweiligen Kurs auswirkt.

▪ Ausfüllen des Wertpapierbogens unter Beachtung des Wertpapierhandelsgesetzes (mit dem Kunden zusammen).

▪ Einbeziehung der Guthaben auf dem Sparbuch und dem Geldmarktkonto.

Verkäuferisches Verhalten:

▪ Herrn Jäger persönlich mit seinem Namen ansprechen

▪ Blickkontakt halten

▪ Erklären Sie die Funktionsweise eines Fonds grafisch. Benutzen Sie einen Topf, in den das Geld eingezahlt und dann in Wertpapiere investiert wird.

▪ Rechnen Sie ein einfaches Beispiel, wie sich der Kurs eines Fonds zusammensetzt (Falls es den Kunden interessiert). Beim Rechnen laut sprechen!

Der Fonds hat insgesamt 545 Anteile:	
Rechenschritt:	**Ergebnis (nennen!)**
100 Aktien A zu je 15 EUR	1.500 EUR
400 Aktien B zu je 20 EUR	8.000 EUR
300 Aktien C zu je 34 EUR	10.200 EUR
Summe:	**19.700 EUR (ges. Fondsvermögen)**
Kurs pro Fondsanteil:	19.700 EUR / 545 Stück
	= 31,15 EUR + Aufschlag (4 %)
	= 32,40 EUR
Ausgabepreis: 32,40 EUR	
Rücknahmepreis: 31,15 EUR	

- Nutzen Sie Ihre Prospektmustermappe und zeigen Sie Herrn Jäger einen Chart mit der Entwicklung des Fondskurses.

- Zeigen Sie auch die Struktur, in welche Werte der Fonds investiert hat, (hierzu eignen sich besonders Kreisdiagramme) anhand eines Prospektes aus Ihrer Mappe.

- Zeigen Sie die Vorteile einer Fondsanlage im Vergleich zu einer Anlage in Einzeltiteln auf (geringeres Risiko, Fachleute im Fondsmanagement, niedrigere Kosten, weniger Arbeit, geringere Investition, monatliches Sparen möglich).

- Sollten auch monatliche Sparleistungen erbracht werden, so erklären Sie auch den Vorteil des Cost-Average-Effekts an einem kleinen Rechenbeispiel. Reden Sie laut beim Rechnen! **Cost-Average-Effekt**

Cost-Average-Effekt (mtl. Einzahlung 50 EUR):	
Kurs am Kaufdatum:	**Erworbene Anteile:**
12,40	50 ÷ 12,40 = 4,03 Anteile
17,80	50 ÷ 17,80 = 2,81 Anteile
15,20	50 ÷ 15,20 = 3,29 Anteile
Anteilsbestand:	10,13
Durchschnittlicher Einstandskurs:	150 ÷ 10,13 = **14,81 EUR**
Durchschnittlicher Preis der Anteile:	(12,4 + 17,8 + 15,2) ÷ 3 = **15,13 EUR**
Vorteil durch den Cost-Average-Effekt: 0,32 EUR pro Anteil	

- Überreichen Sie Herrn Jäger die verwendeten Aufzeichnungen und Berechnungen sowie die Prospekte.

- Geben Sie Herrn Jäger Ihre Visitenkarte und wünschen Sie ihm auch für die Zukunft viel Erfolg beim Bogenschießen.

Cross-Selling:

Vom Fall vorgegebenes Bedürfnis: Sparen und Anlegen

Cross-Selling-Potenzial:

- Monatliches Sparen

Vernetzbares Bedürfnis I: Geldverkehr

Cross-Selling-Potenzial:

- Kreditkarte(n)

Vernetzbares Bedürfnis II: Steuern und staatl. Förderung

Cross-Selling-Potenzial:

- VL-Anlage

5.3 Monatliches Sparen

Situation:

Ihr Kunde Gisbert Rahn erzählt Ihnen stolz von der Geburt seines ersten Kindes. Da er seinen Kindern später alle Türen offen halten möchte, will er bereits frühzeitig ein Polster für das Studium und die Ausbildung anlegen.

Er möchte nun für seine Tochter Melanie monatlich 60 EUR sparen.

Beraten Sie Herrn Rahn!

Beteiligte Personen:

Person:	Persönliche Angaben
Gisbert Rahn	Verheiratet 31 Jahre Lehrer, Briefmarkensammler Gehalt: 2.100 EUR monatlich

Freistellungsauftrag: 1.300 EUR

Kontenübersicht Eheleute Rahn:

Kontoart	Saldo (€)	Zins (%)	Sonstiges
Giro	S 400	H 0,00 % S 9,50 %	2 Kundenkarten 2 Kreditkarten Dispo: 5.000 EUR
Sparbuch	H 400	H 0,50 %	3 Mon. Kündigungsfrist
Geldmarktkonto	H 8.000	H 1,00 %	
Fondsdepot	H 6.000		Immobilienfonds
Kredit	S 142.000	H 3,20 %	Baufinanzierung 10 Jahre fest, läuft seit 2 Jahren, monatliche Rate: 900 EUR

Lösungsvorschläge:

Kundengespräch:

Kontaktphase:

- Begrüßen Sie Herrn Rahn freundlich und erkundigen Sie sich nach seiner Frau und dem Baby. Fragen Sie auch nach dem Entlassungstermin aus dem Krankenhaus.
- Überleitung: *„Was kann ich für Sie tun, Herr Rahn?"*

Informationsphase:

- Einleitung*: „Das ist eine gute Idee, man kann ja nie wissen, was die Kinder später einmal vorhaben werden. Um Ihnen ein optimales Angebot unterbreiten zu können, benötige ich noch einige Informationen. Ich werde Ihnen daher ein paar Fragen stellen und mir Notizen dazu machen. Diese Notizen kann ich dann ggf. auch im Beratungsprotokoll verwenden und Ihnen im Nachgang zur Verfügung stellen. Einverstanden, Herr Rahn?"*
- Welche konkreten Vorstellungen haben Sie bezüglich Ihres Sparvertrages?
- Welchen Betrag möchten Sie sparen?
- Soll zu Beginn bereits eine einmalige Einzahlung erfolgen? Wenn ja, in welcher Höhe?
- Wie lange soll das Geld angelegt werden?
- Wären Sie bereit ein gewisses Risiko einzugehen, um eine höhere Rendite zu erzielen?
- Möchten Sie während der Laufzeit über Teile der Summe verfügen können?
- Sollen während der Laufzeit weitere Gelder eingezahlt werden?
- Was halten Sie von einer Aufteilung des Betrages in verschiedene Anlageformen?
- Was halten Sie von einer Anlage in Immobilien?
- Auf welchen Namen soll die Anlage lauten?
- Möchten Sie monatlich noch weitere Beträge ansparen?
- Welche Vorkehrungen haben Sie bezüglich Ihrer Altersvorsorge gemacht?
- Was halten Sie von einer Absicherung Ihrer Familie für den Fall, dass Ihnen etwas zustößt?
- Wo und in welcher Höhe haben Sie Freistellungsaufträge für Ihre Tochter eingerichtet?

Fachliche Ziele:

- Wie bei allen Geldanlagen sind die fachlichen Ziele stark von den Antworten des Kunden (Prüfers) und dessen Risikoneigung abhängig. Aufgrund des aktuell niedrigen Zinsniveaus und der eher längerfristigen Perspektive der Anlage ist eher von einer Fondsanlage auszugehen. Vorstellbar sind in diesem Fall:

- Monatliche Investition in eine Spareinlage

  o Siehe auch Fall 5.1

  o Evtl. Spareinlage mit Sonderzins und Bonus (z.B. Prämiensparen), der von der Laufzeit abhängig ist.

- Monatliche Investition in einen Investmentfonds (z.B. Dach- oder Mischfonds)

  o Siehe auch Fall 5.2

- Bei einigen Instituten gibt es spezielle Produkte zur Vermögensbildung der Kinder.

- Aussteuerversicherung   **Aussteuerversicherung**

- Einholung der Geburtsurkunde zur Legitimation des Kindes   **Geburtsurkunde**

- Anlage eines Freistellungsauftrages für Melanie

- Ggf. Ausfüllen des Wertpapierbogens unter Beachtung des Wertpapierhandelsgesetzes (mit dem Kunden zusammen).

Verkäuferisches Verhalten:

- Persönliche Ansprache, Blickkontakt halten

- Nutzen Sie Gestik und Mimik.

- Nutzen Sie eine Beispielrechnung, um die Erträge des monatlichen Sparvertrages zu visualisieren.

- Verwenden Sie Prospektmaterial aus Ihrer Mustermappe, um die Wertentwicklung von Fonds (Charts) zu erklären.

- Fertigen Sie Notizen an, falls Herr Rahn noch weitere Unterlagen mitbringen soll. Geben Sie ihm das Notizblatt mit und vereinbaren Sie gleich einen neuen Termin.

- Geben Sie Herrn Rahn die verwendeten Prospekte und Charts mit. An Hand dieser Unterlagen kann Herr Rahn seiner Frau die verschiedenen Möglichkeiten besser aufzeigen.

- Lassen Sie Frau Rahn die besten Wünsche ausrichten.
- Sagen Sie, dass die frisch gebackenen Eltern Melanie doch einmal mitbringen möchten.

Cross-Selling:

Vom Fall vorgegebenes Bedürfnis: Sparen und Anlegen

Cross-Selling-Potenzial:

- Monatliches Sparen für die Eheleute Rahn

Vernetzbares Bedürfnis I: Vorsorgen und Absichern

Cross-Selling-Potenzial:

- Risikolebensversicherung für Herrn Rahn
- Altersvorsorge

Vernetzbares Bedürfnis II: Steuern und staatl. Förderung

Cross-Selling-Potenzial:

- Bausparen, für den Fall eines Um- oder Anbaus

5.4   Vermögenswirksame Leistungen

Situation:

Susanne Holzer hat nach Ihrem Abitur eine Ausbildung zur Bürokauf-frau begonnen. Ihr Ausbildungsleiter hat ihr empfohlen, die vom Arbeit-geber gezahlten „VL" anzulegen.

Bisher hat Frau Holzer ihr Geld nur in Spareinlagen angelegt. Suchen Sie für Frau Holzer eine passende Anlagemöglichkeit und vergessen Sie auch nicht, die staatlichen Fördermittel mit einzubeziehen.

Beteiligte Personen:	
Person:	**Persönliche Angaben**
Susanne Holzer	Ledig 19 Jahre Auszubildende zur Bürokauffrau Gehalt: 500 EUR monatlich Leidenschaftliche Tänzerin

Freistellungsauftrag: 700 EUR

Kontenübersicht Susanne Holzer:			
Kontoart	**Saldo (€)**	**Zins (%)**	**Sonstiges**
Giro	H 100	H 0,00 % S 9,50 %	1 Kundenkarte
Sparbuch	H 600	H 0,50 %	3 Mon. Kündigungsfrist
Sparbrief	H 4.500	H 3,00 %	Fällig in einem Monat

Lösungsvorschläge:

Kundengespräch:

Kontaktphase:

- Begrüßen Sie Frau Holzer freundlich und erzählen Sie ihr, dass Sie jetzt auch mit einem Tanzkurs begonnen haben. Fragen Sie Frau Holzer, ob Sie Ihnen vielleicht Tipps zum Tanzen geben kann.

- Überleitung: *„Was kann ich für Sie tun, Frau Holzer?"*

Informationsphase:

- Einleitung*: „Das freut mich für Sie, dass Sie so schnell einen Ausbildungsplatz bekommen haben, Frau Holzer. Um Ihnen ein optimales Angebot unterbreiten zu können, benötige ich noch einige Informationen. Ich werde Ihnen daher ein paar Fragen stellen und mir Notizen dazu machen. Diese Notizen kann ich dann ggf. auch im Beratungsprotokoll verwenden und Ihnen im Nachgang zur Verfügung stellen. In Ordnung, Frau Holzer?"*

- Was wissen Sie bereits über die Anlage vermögenswirksamer Leistungen?

- Wie hoch ist der Betrag, den Ihr Arbeitgeber zahlt?

- Welchen Betrag möchten Sie über die VL hinaus noch als Eigenanteil sparen?

- Sind Sie bereit monatlich weiteres Geld anzulegen, wenn Sie sich dadurch staatliche Prämien / Zuschüsse sichern können?

- Wie hoch ist Ihr monatliches Einkommen?

- Wären Sie bereit ein gewisses Risiko einzugehen, um eine höhere Rendite zu erzielen?

- Welche finanziellen Pläne haben Sie für die Zeit nach dem Ende Ihrer Ausbildung?

- Welche Pläne haben Sie mit dem Sparbrief, der in einem Monat fällig wird?

- Wie sind Sie bei einem Unfall abgesichert?

- Wie haben Sie sich für Ihr Alter abgesichert?

Fachliche Ziele:

- Erläutern Sie die Anlagemöglichkeiten für vermögenswirksame Leistungen

  vermögens-wirksame Leistungen

  o Spar- oder Kaufverträge über Wertpapiere bzw. Beteiligungen (z.B. Fonds siehe auch Fall 5.2),

  o Verwendung für wohnwirtschaftliche Zwecke (z.B. Bausparen siehe auch Fall 5.8 oder Darlehenstilgung selbst genutzter Immobilie),

  o Banksparplan (z.B. Spareinlage),

  o Lebensversicherung,

  o Geschäftsguthaben an Genossenschaften

- Erklären Sie kurz die Modalitäten der verschiedenen Geldanlagen.

- Erläutern Sie die unterschiedlichen Arbeitnehmersparzulagen bei den einzelnen Anlagen

  Arbeit-nehmerspar-zulage

  o Spar- oder Kaufverträge über Wertpapiere bzw. Beteiligungen (z.B. Fonds): 20 % auf max. 400 EUR

  o Verwendung für wohnwirtschaftliche Zwecke (z.B. Bausparen): 9 % auf max. 470 EUR,

  o VL-Banksparplan, Lebensversicherungen und Genossenschaftliche Geschäftsguthaben ohne Förderung.

- Nennen Sie die förderungsfähigen Einkommensgrenzen (jeweils zu versteuerndes Jahreseinkommen bezogen auf das Jahr, in dem die Sparleistung erbracht wurde)

  Einkommens-grenzen

  o Spar- oder Kaufverträge über Wertpapiere bzw. Beteiligungen (z.B. Fonds): Alleinstehende = 20.000 EUR, zusammen veranlagte = 40.000 EUR

  o Verwendung für wohnwirtschaftliche Zwecke (z.B. Bausparen): Alleinstehende = 17.900 EUR, zusammen veranlagte = 35.800 EUR

- Je nach Sicherheitsbedürfnis wird sich Frau Holzer entweder für einen Bausparvertrag oder einen Fonds entscheiden.

- Je nach Höhe der geplanten Eigenleistungen sollten Sie beide Produkte empfehlen.

- Erklären Sie auch die Modalitäten der Produkte, für die sich Frau Holzer entschieden hat, genauer. (Suchen Sie einen passenden Bauspartarif und einen passenden Fonds aus.)

Wohnungs-
bauprämie

- Auch die Wohnungsbauprämie kann noch ein Thema sein. Nennen Sie auch hier die Prämien und Einkommensgrenzen:

  o Alleinstehende: 8,8 % Prämie auf maximal 512 EUR Sparleistung bei maximal 25.600 EUR zu versteuerndem Jahreseinkommen

  o Eheleute: 8,8 % Prämie auf maximal 1.024 EUR Sparleistung bei maximal 51.200 EUR zu versteuerndem Jahreseinkommen).

- Aufteilung des Freistellungsauftrages auf die Bausparkasse, die Fondsgesellschaft und Ihr Institut.

- Aufklärung nach dem Wertpapierhandelsgesetz. Nutzen Sie dazu den Wertpapierbogen Ihres Hauses.

Verkäuferisches Verhalten:

- Sprechen Sie Frau Holzer persönlich mit ihrem Namen an.

- Halten Sie Blickkontakt, nutzen Sie Gestik und Mimik.

- Fassen Sie am Ende der Informationsphase noch einmal die wichtigsten Kundenbedürfnisse zusammen.

- Rechnen Sie auf einem Blatt zusammen mit Frau Holzer die monatlichen Sparraten aus (z.B. 40 EUR VL + 100 EUR Eigenleistung + 25 EUR von ihrer Großmutter. Das sind zusammen: 165 EUR).

- Unterbreiten Sie jetzt Ihren Vorschlag, wie Frau Holzer das Geld anlegen könnte.

- Da es sich um relativ vielschichtige Zusammenhänge handelt, sollten Sie unbedingt mit Prospektmaterial arbeiten.

- Zeigen Sie eine Aufstellung der Anlageformen und staatlichen Prämien aus Ihrer Prospekt-Mustermappe.

- Nutzen Sie auch hier wieder Charts, Kreisdiagramme und die „Topf-Erklärung", um die Fondsanlage besser visualisieren zu können.

- Erklären Sie Frau Holzer kurz, warum Sie ihr gerade diesen Fonds und diesen Bauspartarif empfehlen.

- Nennen Sie die Prämien ruhig Geschenke des Staates für Frau Holzer, die sie sich nicht entgehen lassen sollte.

- Geben Sie Frau Holzer die Aufzeichnungen und verwendeten Prospekte mit.

- Vereinbaren Sie einen neuen Termin, um Anschlussgeschäfte herbeizuführen. (z.B. fälliger Sparbrief)
- Wünschen Sie Frau Holzer viel Erfolg im neuen Lebensabschnitt und viel Spaß im Job.
- Händigen Sie ihr Ihre Visitenkarte aus.

Cross-Selling:

Vom Fall vorgegebenes Kundenbedürfnis:

Sparen und Anlegen

Cross-Selling-Potenzial:

- Anlage des fälligen Sparbriefes
- Weiteres monatliches Sparen

Vernetzbares Bedürfnis: Vorsorgen und Absichern

Cross-Selling-Potenzial:

- Altersvorsorge
- Unfallversicherung

5.5   Geldanlage mit Berücksichtigung eines Umbaus

Situation:

Ihr Kunde Norbert Biene hat im Lotto 100.000 EUR gewonnen. Jetzt steht er freudestrahlend vor Ihnen.

Herr Biene ist langjähriger Kunde Ihres Kreditinstitutes und Ihnen gut bekannt. Der Fernfahrer möchte sich nun über die Anlage des Geldes informieren.

Berücksichtigen Sie bei Ihrer Kundenberatung auch, dass die Eheleute Biene den Dachboden ausbauen möchten.

Beteiligte Personen:	
Person:	**Persönliche Angaben**
Norbert Biene	Verheiratet 2 Kinder 38 Jahre Fernfahrer Gehalt: 2.300 EUR monatlich
Annika Biene	Ehefrau von Norbert Biene 37 Jahre Verwaltungsangestellte (halbtags) Gehalt: 800 EUR monatlich

Freistellungsauftrag: 1.500 EUR

Kontenübersicht Eheleute Biene:			
Kontoart	**Saldo (€)**	**Zins (%)**	**Sonstiges**
Giro	H 3.600	H 0,00 % S 9,5 %	2 Kundenkarten, 1 Kreditkarte, Dispo: 5.000 EUR
Sparbuch	H 4.500	H 0,50 %	3 Mon. Kündigungsfrist
Sparbrief	H 30.000	H 2,50 %	Fällig in 3 Jahren
Wertpapier-depot	H 10.000	H 2,00 %	Bundesanleihe, fällig in 2 Jahren

Kundengespräch:

Kontaktphase:

- Begrüßen Sie Herrn Biene freundlich und bieten Sie ihm eine Tasse Kaffee oder Tee an. Sprechen Sie mit ihm vielleicht noch kurz über seinen Beruf.

- Überleitung: *„Was kann ich für Sie tun, Herr Biene?"*

Informationsphase:

- Einleitung: *„Herzlichen Glückwunsch, Herr Biene. Das ist ja wirklich kaum zu glauben. Um Ihnen jetzt noch ein optimales Angebot für Ihr neu gewonnenes Geld unterbreiten zu können, benötige ich noch einige Informationen. Ich werde Ihnen daher ein paar Fragen stellen und mir Notizen dazu machen. Diese Notizen kann ich dann ggf. auch im Beratungsprotokoll verwenden und Ihnen im Nachgang zur Verfügung stellen. Sind Sie damit einverstanden, Herr Biene?"*

- Wie hoch schätzen Sie die Kosten des Dachausbaus?

- Was halten Sie davon einen Puffer einzubauen, falls der Umbau doch teurer werden sollte?

- Welchen Betrag haben Sie sich als Puffer vorgestellt?

- Wann möchten Sie mit dem Dachausbau beginnen?

- Inwiefern möchten Sie das Geld vom Girokonto und vom Sparbuch mit in die Planung einbeziehen?

- Welche Anschaffungen werden Sie nach dem Umbau noch tätigen?

- Wie lange kann der Restbetrag angelegt werden?

- Wären Sie bereit, ein gewisses Risiko einzugehen, um eine höhere Rendite zu erzielen?

- Was halten Sie von einer Teilung des Betrages in verschiedene Geldanlagen?

- Welche Erfahrungen haben Sie mit Fondsanlagen?

- Was halten Sie von einer Geldanlage in Immobilien?

- Wie würden Sie es finden, Steuern bei der Geldanlage zu sparen?

- Welche Vorsorge haben Sie für Ihr Alter getroffen?

- Haben Sie nach dem Umbau einen erhöhten Versicherungsbedarf?

Fachliche Ziele:

Geldmarkt-konto

- Je nach Verlauf der Informationsphase kommen auch hier wieder verschiedene Produkte in Betracht.

- Geldmarktkonto: (Verfügbarkeit, keine Kündigung, sicher)

- Fonds: (Immobilien und / oder Aktienfonds)

- Spareinlage für mehrere Jahre fest

- Steuerliche Optimierung der Geldanlagen

- Aufgrund der aktuellen Niedrigzinsphase können auch Industrieanleihen oder institutseigene Inhaberschuldverschreibungen in den Fokus kommen

- Aufteilung des Freistellungsauftrages auf die Fondsgesellschaft und Ihr Institut

- Legitimation der Eheleute Biene für das Depot bei der Fondsgesellschaft

Verkäuferisches Verhalten:

- Sprechen Sie Herrn Biene mit seinem Namen an.

- Halten Sie Blickkontakt, nutzen Sie Gestik und Mimik.

- Fassen Sie am Ende der Informationsphase noch einmal die wichtigsten Kundenbedürfnisse zusammen.

- Rechnen Sie auf einem separaten Blatt mit Herrn Biene zusammen die verfügbaren Summen aus. Ziehen Sie dann die Gelder ab, die verbaut werden (siehe Mustergespräch auf Seite 36).

- Unterbreiten Sie jetzt Ihren Vorschlag, wie Herr Biene das Geld anlegen sollte.

- Nutzen Sie auch hier wieder Charts, Kreisdiagramme und die „Topf-Erklärung", um die Fondsanlage besser visualisieren zu können.

- Fertigen Sie ggf. eine Musterrechnung mit Zinsen für eine Spareinlage an.

- Verwenden Sie eine bildhafte Sprache.

- Geben Sie Herrn Biene die Aufzeichnungen und verwendeten Prospekte mit.

- Wünschen Sie Herrn Biene viel Erfolg beim Umbau seines Wohnhauses.

- Lassen Sie Frau Biene die besten Wünsche ausrichten.

- Geben Sie ihm Ihre Visitenkarte.

Cross-Selling:

Vom Fall vorgegebenes Bedürfnis: Sparen und Anlegen

Cross-Selling-Potenzial:

- Monatliches Sparen

Vernetzbares Bedürfnis: Vorsorgen und Absichern

Cross-Selling-Potenzial:

- Altersvorsorge
- Versicherungen für den Umbau
- Absicherung der Kinder (Kinderunfallversicherung)
- Aussteuerversicherung für die Kinder
- Bausparvertrag als „Krankenversicherung" für das Haus

5.6   Steuerlich optimierte Geldanlage

Situation:

Die selbständige Architektin Claudia Hoffmann hat telefonisch bei Ihnen für heute einen Termin vereinbart.

Sie hat Ihnen erzählt, dass Sie Ihr Architekturbüro für zwei Wochen schließen und Urlaub machen wolle. Bei dieser Gelegenheit möchte Frau Hoffmann auch noch ihre Geldanlagen auf Steuersparpotenziale durchleuchten.

Beteiligte Personen:

Person:	Persönliche Angaben
Claudia Hoffmann	ledig 40 Jahre Selbständige Architektin Gehalt: 4.500 EUR monatlich

Freistellungsauftrag: 801 EUR

Kontenübersicht Claudia Hoffmann:

Kontoart	Saldo (€)	Zins (%)	Sonstiges
Giro	H 2.600	H 0,00 % S 9,50 %	1 Kundenkarte Dispo: 6.000 EUR
Geldmarktkto.	H 15.000	H 0,75 %	
Sparbuch	H 2.300	H 0,50 %	3 Mon. Kündigungsfrist
Sparbrief	H 10.000	H 2,25 %	Fällig in einem Jahr
Wertpapier- depot	H 77.000	IHS 2013 Ihrer Bank nominal 15 TEUR (3,75 %, Kurs: 102,10)	
		X-AG Anleihe 2014 nominal 15 TEUR (5,75 %, Kurs: 103,20)	
		100 BASF Aktien (Kurs: 80,00, Dividende: 2,90)	
		100 Volkswagen Aktien (Kurs: 130,00, Dividende: 0,17)	
		500 SAP AG Aktien (Kurs: 70,00, Dividende: 1,15)	

Lösungsvorschläge:

Kundengespräch:

Kontaktphase:

- Begrüßen Sie Frau Hoffmann freundlich.

- Fragen Sie, ob Frau Hoffmann beabsichtigt, zu verreisen. Fragen Sie auch nach dem Reiseziel.

- Überleitung: *„Was kann ich für Sie tun, Frau Hoffmann?"*

Informationsphase:

- Einleitung: *„Das kann ich gut verstehen, dass Sie versu-chen Steuern zu sparen. Um Ihnen ein optimales Angebot unterbreiten zu können, benötige ich noch einige Informati-onen. Ich werde Ihnen daher ein paar Fragen stellen und mir Notizen dazu machen. Diese Notizen kann ich dann ggf. auch im Beratungsprotokoll verwenden und Ihnen im Nachgang zur Verfügung stellen. In Ordnung, Frau Hoff-mann?"*

- Welche konkreten Vorstellungen haben Sie bezüglich Ihrer Geldanlage?

- Welche Kapitalanlagen haben Sie sonst noch?

- Brauchen Sie eine Steuerbescheinigung für das ver-gangene Jahr?

- Wann hatten Sie die unterschiedlichen Wertpapiere in Ih-rem Depot gekauft?

- Wie schätzen Sie die weitere Kursentwicklung der Aktien in Ihrem Depot ein?

- Wie lange sollen welche Summen angelegt werden?

- Sind Sie bereit, ein gewisses Risiko einzugehen, um eine höhere Rendite zu erzielen?

- Welche Erfahrungen haben Sie mit Investmentfonds?

- Was halten Sie von einer Kapitalanlage in Immobilien?

- Welche Pläne haben Sie mit dem Geld auf dem Giro-, Geldmarkt- und Sparkonto?

- Welche anderen Beträge werden noch mit angelegt?

- Welche finanziellen Wünsche möchten Sie sich erfüllen?

- Wie haben Sie sich für Ihr Alter, Unfälle und Berufsunfähig-keit abgesichert?

Fachliche Ziele:

Abgeltungs-
steuer

- Kapitalerträge sind steuerpflichtig, sie können aber durch Erteilung eines Freistellungsauftrages freigestellt werden. Die Freistellung ist über den Sparer-Pauschbetrag möglich (beträgt für
Eheleute max. 1.602 EUR und für Ledige max. 801 EUR). Auf
sämtliche privaten Kapitalerträge wie z.B. Zinsen, Dividenden
oder realisierte Kursgewinne wird die pauschale Abgeltungssteuer i.H.v. 25 % und daraus 5,5 % Solidaritätszuschlag berechnet. Ferner erfolgt seit 2015 die automatische Ermittlung
des Kirchensteuereinbehaltes. Hierzu sind alle KI verpflichtet
die Religionszugehörigkeit einmal jährlich beim Bundeszentralamt für Steuern zu erfragen. Das Amt übermittelt dann das Kirchensteuerabzugsmerkmal (KISTAM) an das KI. Dieser Mitteilung durch das Amt kann der Kunde widersprechen. Abhängig
vom Widerspruch ziehen die Kreditinstitute dann auch den Kir-
chensteuereinbehalt mit ab. Die Kirchensteuersätze liegen je
nach Bundesland bei 8 % oder 9 %.

- Für Aktien oder Fonds, die vor dem 01. Januar 2009 angelegt
wurden, gilt der so genannte Bestandsschutz. Insofern die Anlage länger als 1 Jahr gehalten und erst danach Kursgewinne
realisiert werden, bleiben diese Kursgewinne komplett steuer-
frei.

Steuer-
sparende
Geldanlagen

- Vorstellung Steuer sparender Geldanlagen, die hier nach der
Informationsphase in Frage kommen:

  o Halten der Aktien und Fonds, die vor dem 01.01.2009 ge-
     kauft wurden, insofern bis zum Anlagezielzeitpunkt noch
     steigende Kurse erwartet werden. Werden sinkende Kurse
     erwartet, sollten die Kursgewinne steuerfrei realisiert wer-
     den.

  o Offene Immobilienfonds (Durch Abschreibungsmöglichkei-
     ten und steuerfreie Verkaufserlöse sind hier steuerfreie An-
     teile von 50 – 70 % möglich.)

  o Geschlossene Fonds (evtl. interessant durch individuelle
     Abschreibungsmöglichkeiten; nur erwähnen und nicht de-
     tailliert besprechen)

  o Rürup-Rente (Die Einzahlungen in Rürup-fähige Verträge
     können im Jahr der Einzahlung bis zu einem Höchstbetrag
     voll steuerwirksam geltend gemacht werden. Die Versteue-
     rung erfolgt dann erst nachgelagert im Rentenalter. Aller-
     dings sind dann die Einkünfte und damit auch die Steuer-
     last i.d.R. niedriger)

    o Kapitalbildende Lebensversicherung (Insofern die Verträge ein Laufzeit von mindestens 12 Jahren, die Auszahlung in einer Summe nach Vollendung des 62. Lebensjahr [Neuverträge seit 2012] erfolgt und der Todesfallschutz mindestens 50 % der Beitragssumme umfasst sind die Erträge aus der Police nur zur Hälfte zu versteuern). Bedingt durch das niedrige Zinsniveau sind die möglichen Renditen derzeit allerdings gering.

- Die Freistellung ist über den Sparer-Pauschbetrag möglich (beträgt für Eheleute max. 1.602 EUR und für Ledige max. 801 EUR).

- Steuerbescheinigung ausstellen bzw. anfordern

- Sinnvoll kann auch der Übertrag von Vermögen auf Kinder sein (in diesem konkreten Fall irrelevant, da Frau Hoffmann keine Kinder hat).

Freibetrag pro Kind:

Position	Betrag (€)
Grundfreibetrag	8.004,00
Sparer-Pauschbetrag	801,00
Sonderausgabenpauschale	36,00
Steuerfreie Kapitaleinkünfte pro Kind und Jahr	**8.841,00**

Verkäuferisches Verhalten:

- Sprechen Sie Frau Hoffmann persönlich mit ihrem Namen an.

- Halten Sie Blickkontakt, nutzen Sie Gestik und Mimik.

- Fassen Sie am Ende der Informationsphase noch einmal die wichtigsten Kundenbedürfnisse zusammen.

**Beispielbe-
rechnung für
laufende Zins-
zahlungen**

- Rechnen Sie (laut) auf einem Blatt mit Frau Hoffmann zusammen die zurzeit fließenden Zahlungen durch.

Anlage	% / €	Betrag (€ / Stück)	Ertrag (€)
IHS	3,75	15.000	562,50
Anleihe X-AG	5,75	15.000	862,50
BASF	2,90 €	100 Stück	290,00
VW	0,17 €	100 Stück	17,00
SAP AG	1,15 €	500 Stück	575,00
Sparbuch	0,50	2.300	11,50
Sparbrief	2,25	10.000	225,00
Geldmarktkonto	0,75	15.000	112,50
Zahlung:			**2.656,00**

- Unterbreiten Sie jetzt Ihren Vorschlag, wie Frau Hoffmann ihr Vermögen umschichten sollte.

- Erstellen Sie auch hier wieder eine Tabelle, aus der hervorgeht, wie die Inanspruchnahme des Freistellungsauftrages, **nach** Ihrem Vorschlag, aussieht.

- Weisen Sie für den Fall, dass geschlossene Fonds angesprochen werden darauf hin, dass eine finale Klärung gemeinsam mit dem Steuerberater besprochen werden sollte.

- Erstellen Sie Frau Hoffmann eine kleine Übersicht, welche Anlageform wie versteuert wird. Alternativ können Sie auch Prospekte dazu verwenden.

- Verweisen Sie auf die Thematik Inflationsschutz bei Investition in Sachwerte (europäische Schuldenkrise). Darüber hinaus ergibt sich bei Schwäche des Euro wegen der Schuldenkrise ein Wertsteigerungspotenzial bei Fremdwährungen.

- Nutzen Sie auch hier wieder Charts, Kreisdiagramme und die „Topf-Erklärung", um die Fondsanlage besser visualisieren zu können.

- Vereinbaren Sie einen neuen Termin, um Anschlussgeschäfte herbeizuführen.

- Wünschen Sie Frau Hoffmann einen schönen Urlaub und eine gute Erholung.

- Geben Sie Frau Hoffmann die gefertigten Aufzeichnungen, die verwendeten Prospekte und Ihre Visitenkarte mit.

Cross-Selling:

Vom Fall vorgegebenes Kundenbedürfnis:

Sparen und Anlegen

Cross-Selling-Potenzial:

- Monatliches Sparen

Vernetzbares Bedürfnis I: Geldverkehr

Cross-Selling-Potenzial:

- Kreditkarte (Gold?)
- Kontoübertrag von anderen Kreditinstituten (Geschäft)

Vernetzbares Bedürfnis II: Steuern und staatl. Förderung

Cross-Selling-Potenzial:

- Bausparen

Vernetzbares Bedürfnis III: Vorsorgen und Absichern

Cross-Selling-Potenzial:

- Altersvorsorge
- Unfall-, Berufsunfähigkeitsversicherung

5.7   Mietkaution

Situation:

Nach dem Ende seines Maschinenbaustudiums konnte Erwin Simon es kaum noch abwarten, endlich zu Hause auszuziehen.

In den letzten Wochen war er auf der Suche nach einer geeigneten 2-Zimmer-Mietwohnung. Jetzt ist Herr Simon endlich fündig geworden.

Da er natürlich möglichst bald einziehen will, spricht er Sie auf ein Mietkautionskonto an.

Beraten Sie Herrn Simon!

Beteiligte Personen:	
Person:	Persönliche Angaben
Erwin Simon	ledig 25 Jahre Dipl. Ingenieur Maschinenbau Gehalt: 1.700 EUR monatlich

Freistellungsauftrag: 801 EUR

Kontenübersicht Erwin Simon:			
Kontoart	Saldo (€)	Zins (%)	Sonstiges
Giro	S 400	H 0,00 % S 9,50 %	1 Kundenkarte Dispo: 2.000 EUR
Sparbuch	H 1.300	H 0,50 %	3 Mon. Kündigungsfrist
Fondsdepot	H 2.000	25,21 Stück Weltweit Aktienfonds (Kurs: 22,15 EUR) 35,06 Stück Rentofondo Rentenfonds (Kurs: 41,12 EUR)	

Lösungsvorschläge:

Kundengespräch:

Kontaktphase:

- Begrüßen Sie Herrn Simon freundlich.

- Fragen Sie nach dem Studium und nach seinem neuen Arbeitsplatz.

- Überleitung: *„Was kann ich für Sie tun, Herr Simon?"*

Informationsphase:

- Einleitung: *„Oh, da wird ein Traum wahr, endlich die erste eigene Wohnung. Meinen herzlichen Glückwunsch. Um die Einzelheiten zu klären, brauche ich noch einige Informationen. Ich werde Ihnen daher ein paar Fragen stellen und mir Notizen dazu machen. Sind Sie damit einverstanden, Herr Simon?"*

- Ab wann benötigen Sie das Mietkautionskonto?

- Was wissen Sie bereits über ein Mietkautionskonto?

- Wie hoch soll die Kaution sein?

- Wer ist der Vermieter?

- Welche Anschaffungen sind noch zu treffen?

- Wie viel Geld werden Sie für diese Anschaffungen benötigen?

- Was würden Sie davon halten, Ihrem Vermieter eine Zahlungsgarantie zu geben, ohne die Mietkaution auf einem Konto zu hinterlegen?

- Wie haben Sie sich für Ihr Alter, Unfälle oder Berufsunfähigkeit abgesichert?

- Wie haben Sie sich die Absicherung des Hausrates in Ihrer neuen Wohnung vorgestellt?

- Wie haben Sie Ihre vermögenswirksamen Leistungen angelegt?

Fachliche Ziele:

Mietkautions-konto

- Erklären des Mietkautionskontos
    - o Anlage eines Sparkontos auf den Mieter, mit Übergabe und Verpfändung der Sparurkunde an den Vermieter. Die Zinsen stehen dem Mieter zu. Verlangt der Vermieter Auszahlung vom Konto, so wird erst der Mieter benachrichtigt und die Auszahlung erfolgt nach 4 Wochen.
    - o Anlage eines Sparbuches auf den Vermieter (eher seltener Fall)

Mietaval

- Möglichkeit eines Avals:
    - o Eröffnung einer Bankbürgschaft zu Gunsten des Vermieters gegen Provision, die der Mieter zahlt. Verlangt der Vermieter Auszahlung, so zahlt die Bank das Geld aus (Zahlungsversprechen) und verlangt es vom Mieter zurück.
    - o Keine negative SCHUFA, ordentliche Kontoführung und gute Bonität
- Evtl. Legitimation des Vermieters vornehmen.

Verkäuferisches Verhalten:

- Sprechen Sie Herrn Simon persönlich mit seinem Namen an.
- Halten Sie Blickkontakt, nutzen Sie Gestik und Mimik.
- Fassen Sie am Ende der Informationsphase noch einmal die wichtigsten Kundenbedürfnisse zusammen.
- Zeichnen Sie Herrn Simon die Funktionsweise eines Mietkautionskontos bzw. die des Mietavals auf einem Blatt auf.
- Vereinbaren Sie ggf. einen neuen Termin.
- Wünschen Sie Herrn Simon viel Spaß mit seiner neuen Wohnung.
- Geben Sie Herrn Simon die gefertigten Aufzeichnungen und Ihre Visitenkarte mit.

Cross-Selling:

Vom Fall vorgegebenes Kundenbedürfnis:

Sparen und Anlegen

Cross-Selling-Potenzial:

- Monatliches Sparen

Vernetzbares Bedürfnis I: Geldverkehr

Cross-Selling-Potenzial:

- Kreditkarte

Vernetzbares Bedürfnis II: Steuern und staatl. Förderung

Cross-Selling-Potenzial:

- Bausparen
- Anlage der VL

Vernetzbares Bedürfnis III: Vorsorgen und Absichern

Cross-Selling-Potenzial:

- Altersvorsorge
- Unfallversicherung
- Berufsunfähigkeitsversicherung
- Hausratversicherung

Vernetzbares Bedürfnis IV: Immobilie und Konsum

- Finanzierung weiterer Anschaffungen (Möbel, Küche etc.)

5.8 Bausparen

Situation:

Jochen Groß hat vor kurzem seine Ausbildung zum Industriekaufmann beendet. Er ist zwischenzeitlich auch in einer 2 ½-Zimmer Mietwohnung eingezogen.

Da er jetzt nach Ende seiner Berufsausbildung mehr finanzielle Freiräume hat, beabsichtigt er, monatlich zu sparen, um sich den Traum von den eigenen vier Wänden zu erfüllen.

Beraten Sie Herrn Groß und vergessen Sie auch nicht, die staatliche Förderung des Bausparens mit in das Gespräch einzubeziehen.

Beteiligte Personen:	
Person:	**Persönliche Angaben**
Jochen Groß	ledig 21 Jahre Industriekaufmann Gehalt: 1.000 EUR monatlich

Freistellungsauftrag: 600 EUR

Kontenübersicht Jochen Groß:			
Kontoart	**Saldo (€)**	**Zins (%)**	**Sonstiges**
Giro	H 100	H 0,25 % S 11,50 %	1 Kundenkarte Dispo: 1.000 EUR
Sparbuch	H 300	H 0,50 %	3 Mon. Kündigungsfrist
Geldmarktkonto	H 3.000	H 0,50 %	
Fondsdepot	H 1.500	31,61 Stück Weltweit Aktienfonds, VL- Anlage (Kurs: 47,45 EUR)	

Lösungsvorschläge:

Kundengespräch:

Kontaktphase:

- Begrüßen Sie Herrn Groß freundlich.
- Erkundigen Sie sich nach seiner neuen Wohnung.
- Überleitung: *„Was kann ich für Sie tun, Herr Groß?"*

Informationsphase:

- Einleitung: *„Das kann ich sehr gut verstehen, Herr Groß. Es geht doch nichts über die eigenen vier Wände. Um Sie Ihrem Traum etwas näher zu bringen, benötige ich noch einige Informationen. Ich werde Ihnen daher ein paar Fragen stellen und mir Notizen dazu machen. Sind Sie damit einverstanden, Herr Groß?"*
- Wann möchten Sie denn Ihr Eigenheim erwerben?
- Soll es sich dabei um eine Wohnung oder ein Haus handeln?
- Wie viel wird das Objekt schätzungsweise kosten?
- Wie viel Geld möchten Sie monatlich für die Erfüllung Ihres Eigenheimtraumes zurücklegen?
- In welcher Höhe soll zu Beginn der Sparphase eine Starteinlage einbezogen werden?
- Welche monatlichen Ausgaben haben Sie?
- Was beabsichtigen Sie mit dem übrigen Geld anzufangen?
- Wie hoch ist Ihr zu versteuerndes Jahreseinkommen?
- Wo und in welcher Höhe haben Sie Freistellungsaufträge erteilt?
- Wie haben Sie sich für Ihr Alter, Unfälle und Berufsunfähigkeit abgesichert?
- Wo sind Sie haftpflichtversichert?
- Wie haben Sie das Inventar Ihrer neuen Wohnung abgesichert?
- Welche finanziellen Träume haben Sie noch für die Zukunft?

Fachliche Ziele:

Bausparen

- Erklären Sie die Modalitäten des Bausparens:

  o Ansparphase: Abschluss eines Bausparvertrages mit einer Bausparsumme (Abschlussprovision nennen). Zunächst eine Ansparphase (Dauer je nach Tarif), in der (je nach Tarif) 40 bis 50 % der Bausparsumme angespart werden.

  o Zuteilung: Nach Ende der Ansparphase ➲ Zuteilung, Verfügung über die komplette Bausparsumme. Dabei entsteht ein Darlehensanspruch in Höhe der Differenz zwischen angesparter Leistung und Bausparsumme.

  o Darlehensphase: Rückzahlung des aufgenommenen Bauspardarlehens.

- Vorteile Bausparen: (niedrige Darlehenszinsen, schnelle Tilgung des Darlehens, nachrangige Absicherung mit Grundschulden, Guthabenzinsen in der Ansparphase, Prämien)

Wohnungs-bauprämie

- Erläutern Sie die staatlichen Prämien (Wohnungsbauprämie für Alleinstehende 8,8 % auf maximal 512 EUR im Jahr. Höchstgrenze des zu versteuernden Jahreseinkommens: 25.600 EUR. Bei Verheirateten 8,8 % auf max. 1.024 EUR bis 51.200 EUR zu versteuerndes Jahreseinkommen).

Arbeit-nehmer-spar-zulage

- Evtl. ist auch (je nach Höhe des zu versteuernden Jahreseinkommens) die zusätzliche Zahlung von Eigenmitteln über den Lohn sinnvoll. Dann kann der Arbeitnehmer die Arbeitnehmersparzulage in Anspruch nehmen (Alleinstehende: 9 % auf max. 470 EUR bis zu einem zu versteuernden Jahreseinkommen von 17.900 EUR. Die Einkommensgrenze bei Eheleuten beträgt 35.800 EUR zu versteuerndes Jahreseinkommen).

Wohn-Riester

- Zur Förderung des Erwerbs oder der Erstellung der selbstgenutzten Immobilie kann Wohn-Riester in Anspruch genommen werden. Es ist eine Grundzulage von 154 EUR pro Person und Jahr sowie eine Kinderzulage von bis zu 300 EUR pro Jahr und Kind möglich. Alternativ können steuerliche Vorteile durch den Sonderausgabenabzug genutzt werden. Prüfen Sie hier im Vorfeld der Prüfung die Modalität – insbesondere Tarife – in Ihrem Hause und berücksichtigen Sie es in Ihrer Mustermappe.

- Ermitteln einer geeigneten Bausparsumme und eines geeigneten Tarifes.

- Klären der weiteren Punkte des Bausparens (Lastschrifteinzugsverfahren, Begünstigung für den Todesfall, Legitimation)
- Erteilung eines Freistellungsauftrages für die Bausparkasse.

Verkäuferisches Verhalten:

- Sprechen Sie Herrn Groß persönlich mit seinem Namen an.
- Halten Sie Blickkontakt, nutzen Sie Gestik und Mimik.
- Fassen Sie am Ende der Informationsphase noch einmal die wichtigsten Kundenbedürfnisse zusammen.
- Empfehlen Sie Ihren favorisierten Bauspartarif, zeigen Sie die Vorteile dieses Tarifes auf (z.B. besonders niedrige Darlehenszinsen). Erläutern Sie kurz die übrigen Tarife und überlassen Sie Herrn Groß die Entscheidung.
- Nennen Sie die Abschlussprovision als Preis für die äußerst niedrigen Darlehenszinsen. Verdeutlichen Sie, dass Herr Groß die Provision bei Einrechnung der staatlichen Prämie bereits nach kürzester Zeit wieder eingespart hat.
- Zeigen Sie die staatlichen Prämien anhand einer übersichtlichen Grafik auf. Nutzen Sie einen Prospekt aus Ihrer Mustermappe oder erstellen Sie eine individuelle Übersicht auf einem Blatt.
- Zur Verdeutlichung der verschiedenen Tarife sollten Sie auch eine übersichtliche Grafik nutzen.
- Geben Sie die verwendeten Prospekte und Aufzeichnungen mit.
- Vereinbaren Sie ggf. einen weiteren Termin.
- Wünschen Sie Herrn Groß viel Erfolg in seinem Beruf.
- Geben Sie Herrn Groß Ihre Visitenkarte.

Cross-Selling:

Vom Fall vorgegebenes Bedürfnis: Sparen und Anlegen

Cross-Selling-Potenzial:

- Monatliches Sparen

Vernetzbares Bedürfnis I: Geldverkehr

Cross-Selling-Potenzial:

- Kreditkarte

Vernetzbares Bedürfnis II: Vorsorgen und Absichern

Cross-Selling-Potenzial:

- Unfall-, Hausrat- und Haftpflichtversicherung

5.9   Anleihen

Situation:

Seit einigen Jahren sind die Eheleute Krause nun Kunden Ihres Kreditinstitutes. Bisher hatten die begeisterten Kegler nur konservative Spareinlagen unterhalten.

Jetzt steht Frau Krause vor Ihnen und erzählt, dass sie von festverzinslichen Wertpapieren gehört habe, bei denen das Risiko gering und die
Rendite oft besser als auf dem Sparbuch sei.

Führen Sie das Beratungsgespräch!

Beteiligte Personen:	
Person:	**Persönliche Angaben**
Ilse Krause	Verheiratet 51 Jahre kinderlos Hausfrau
Reimund Krause	Ehemann von Ilse Krause 53 Jahre Angestellter Bäckermeister Gehalt: 2.100 EUR monatlich

Freistellungsauftrag: 1.110 EUR

Kontenübersicht Eheleute Krause:			
Kontoart	**Saldo (€)**	**Zins (%)**	**Sonstiges**
Giro	H 100	H 0,25 % S 9,50 %	2 Kundenkarten Dispo: 4.000 EUR
Sparbuch	H 1.300	H 0,50 %	3 Mon. Kündigungsfrist
Geldmarktkonto	H 5.000	H 0,80 %	
Sparbrief	H 12.500	H 3,20 %	In wenigen Tagen fällig. Gutschrift auf das Sparkonto.
Bausparvertrag	H 4.000	H 2,50 %	Renditevertrag, Bau-sparsumme: 15.000 EUR

Lösungsvorschläge:

Kundengespräch:

Kontaktphase:

- Begrüßen Sie Frau Krause freundlich.
- Erkundigen Sie sich nach den Aktivitäten im Kegelklub und nach dem Wohlergehen ihres Mannes.
- Überleitung: *„Was kann ich für Sie tun, Frau Krause?"*

Informationsphase:

- Einleitung: *„Ich bin sicher, dass wir gemeinsam eine perfekte Lösung finden werden. Um Sie optimal beraten zu können, benötige ich noch einige Informationen. Ich werde Ihnen daher ein paar Fragen stellen und mir Notizen dazu machen. Diese Notizen kann ich dann ggf. auch im Beratungsprotokoll verwenden und Ihnen im Nachgang zur Verfügung stellen. Sind Sie damit einverstanden, Frau Krause?"*
- Was wissen Sie bereits über Geldanlagen in festverzinslichen Wertpapieren?
- Welchen Betrag möchten Sie anlegen?
- Wie lange soll das Geld angelegt werden?
- Sollen während der Laufzeit Zuzahlungen möglich sein?
- Wo und in welcher Höhe haben Sie Freistellungsaufträge erteilt?
- Welche Summe möchten Sie monatlich sparen?
- Welche Priorität hat für Sie die Sicherheit der Kapitalanlage?
- Wie beurteilen Sie die Stabilität der Staatsfinanzen und des Euro?

Fachliche Ziele:

- Erklären Sie die allgemeinen Modalitäten einer festverzinslichen Kapitalanlage:

  festverzinsliche Kapitalanlage

  o Zins: feste nominale Zinszahlung auf den Nennwert des Papiers. Wird bei der Emission festgelegt.
  o Kurs: Bei Änderungen des Zinsniveaus werden wegen des festen Zinssatzes Kursanpassungen vorgenom-

men, um die Marktrendite abzubilden. Rückzahlung am Ende der Laufzeit aber zum Nennwert.

- o Rendite: Der tatsächliche Ertrag, der sich für die Kapitalanlage ergibt. Die Rendite errechnet sich aus den Komponenten Zins und Kurs.

▪ Erläutern Sie die sich aus der Informationsphase ergebenden, am besten passenden Produkte im Hinblick auf: Stückelung (Nennwert), Verfügbarkeit, Laufzeit, Rendite, Verwahrungsmöglichkeiten, Sicherheit und Kosten.

Mögliche festver- zinsliche Wertpapiere

- o Bundeswertpapiere (Anleihen und Obligationen)
- o IHS ihrer Bank
- o Industrieanleihen
- o Genussscheine
- o Pfandbriefe

▪ Im Punkt Sicherheit sind deutsche Staatsanleihen nach wie vor von sehr guter Bonität. Allerdings sind die Renditen zwischenzeitlich sehr niedrig. Von riskanten Auslandsanleihen ist bei dieser Kundin eher abzuraten, aber eine Anlage bei bonitätsstarken Unternehmen z.B. aus den drei zuletzt genannten Anlageklassen, könnte eine interessante Alternative darstellen.

▪ Im Punkt Kosten lassen sich eventuell die beiden erstgenannten Produkte ausschließen (ggf. Vorschusszinsen für die übertragenden Gelder aus den Sparanlagen, Depotgebühren).

▪ Kapitalerträge sind steuerpflichtig, sie können aber durch Erteilung eines Freistellungsauftrages freigestellt werden. Die Freistellung ist über den Sparer-Pauschbetrag möglich (beträgt für Eheleute max. 1.602 EUR und für Ledige max. 801 EUR). Auf sämtliche privaten Kapitalerträge wie z.B. Zinsen, Dividenden oder realisierte Kursgewinne wird die pauschale Abgeltungssteuer i.H.v. 25 % und daraus 5,5 % Solidaritätszuschlag berechnet. Details zur steuerlichen Behandlung von Kapitalanlagen s. auch Fall 5.6

▪ Ausfüllen des Wertpapierberatungsbogens bzw. des Beratungsprotokolls mit Frau Krause

▪ Aufklären über mögliche Kursrisiken

▪ Wegen der aktuellen Niedrigzinsphase können ggf. Industrieanleihen eine interessante Alternative darstellen. Hier ist insbesondere auf die Bonität des Unternehmens zu achten (Stichwort Rating).

Verkäuferisches Verhalten:

- Sprechen Sie Frau Krause persönlich mit ihrem Namen an.
- Halten Sie Blickkontakt, nutzen Sie Gestik und Mimik.
- Fassen Sie am Ende der Informationsphase noch einmal die wichtigsten Kundenbedürfnisse zusammen.
- Verdeutlichen Sie die Funktionsweise der festverzinslichen Wertpapiere an einem vereinfachten Beispiel.

Restlaufzeit (Jahre)	Kurs (%)	Nominalzins (%)	Marktzins (%)	Rendite des Papiers (%)
1	99,00	2,00	3,00	3,00
2	101,00	4,00	3,50	3,50

Beispielberechnung für die Rendite

- Verunsichern Sie Frau Krause nicht, indem Sie alle möglichen Produkte erklären. Picken Sie sich die aus der Informationsphase Passenden heraus.
- Erklären Sie Frau Krause, dass keine Vorschusszinsen anfallen, wenn sie sich für die IHS ihres Hauses entscheiden sollte (dies ist zumindest der Regelfall).
- Betonen Sie, dass Wertpapiere Ihres Hauses im Depot Ihres Institutes kostenlos verwahrt werden (dies ist zumindest der Regelfall).
- Unterbreiten Sie Frau Krause einen passenden Produktvorschlag, überlassen Sie ihr aber die Entscheidung.
- Zeigen Sie Verständnis, wenn Frau Krause nicht sofort abschließen möchte. Vereinbaren Sie ggf. einen neuen Termin; eventuell mit Herrn Krause zusammen.
- Lassen Sie Herrn Krause die besten Wünsche ausrichten.
- Geben Sie Frau Krause Ihre Visitenkarte und die gefertigten Aufzeichnungen mit.

Cross-Selling:

Vom Fall vorgegebenes Bedürfnis: Sparen und Anlegen

Cross-Selling-Potenzial:

- Monatliches Sparen

Vernetzbares Bedürfnis I: Geldverkehr

Cross-Selling-Potenzial:

- Kreditkarte, eventuell auch „Doppel"

Vernetzbares Bedürfnis II: Vorsorgen und Absichern

Cross-Selling-Potenzial:

- Altersvorsorge

5.10 Kapitalanlage in Aktien

Situation:

Ihr Kunde Herrmann Weinrot hatte Ihnen bei seinem letzten Besuch erzählt, dass er künftig auch Aktien kaufen möchte.

Herr Weinrot ist bereits seit einigen Jahren begeisterter Fondsanleger mit Erfahrung in nationalen und internationalen Aktienfonds. Am heutigen Tage kommt er zu Ihnen, um mit seinen ersten Aktientransaktionen zu beginnen.

Beteiligte Personen:	
Person:	**Persönliche Angaben**
Herrmann Weinrot	Verheiratet 39 Jahre Eine Tochter Physiker Gehalt: 2.600 EUR monatlich

Freistellungsauftrag: 1.000 EUR

Kontenübersicht Eheleute Weinrot:			
Kontoart	**Saldo (€)**	**Zins (%)**	**Sonstiges**
Giro	H 1.100	H 0,00 % S 9,50 %	2 Kundenkarten Dispo: 5.500 EUR
Sparbuch	H 2.600	H 0,50 %	3 Mon. Kündigungsfrist
Geldmarktkonto	H 14.000	H 0,30 %	
Fondsdepot	H 24.000	165,12 St. Telekommunikationsfonds (Kurs 38,17 EUR)	
		180,69 Stück Weltweit Aktienfonds (Kurs: 22,15 EUR)	
		174,86 Stück German-Aktienfonds (Kurs: 55,44 EUR)	
		48,96 Stück Pazifik-Fonds (Kurs: 81,70 EUR)	
Lebensversicherung	Versicherungssumme: 40.000 EUR, Rückkaufswert 5.500 EUR, Auszahlung mit 65 Jahren		

Lösungsvorschläge:

Kundengespräch:

Kontaktphase:

- Begrüßen Sie Herrn Weinrot freundlich.
- Smalltalk über das Wetter oder den Parkplatz.
- Überleitung: *„Was kann ich für Sie tun, Herr Weinrot?"*

Informationsphase:

- Einleitung: *„Ein Mann mit Ihrer Erfahrung, Herr Weinrot, kann sich auch ruhig einmal an Aktienwerte herantrauen. Um Sie bestmöglich beraten zu können, benötige ich noch einige Informationen. Ich werde Ihnen daher ein paar Fragen stellen und mir Notizen dazu machen. Diese Notizen kann ich dann ggf. auch im Beratungsprotokoll verwenden und Ihnen im Nachgang zur Verfügung stellen. Sind Sie damit einverstanden, Herr Weinrot?"*
- Welche konkreten Aktien haben Sie im Blickfeld?
- Was wissen Sie bereits über die Geldanlage in Aktien?
- Welche Fonds hatten Sie bisher?
- Bei welchen Kursen haben Sie die Fonds in Ihrem Fondsdepot erworben?
- Wie lange halten Sie die Fonds bereits?
- Wie viel Geld möchten Sie in Aktien investieren?
- Welches Geld möchten Sie für die Investition nutzen?
- Wo und in welcher Höhe haben Sie Freistellungsaufträge eingerichtet?
- Welches Risiko sind Sie bereit, bei Ihren Aktienanlagen einzugehen?
- Wie lange sollen die Aktien gehalten werden?
- Welches Anlageziel verfolgen Sie mit Ihrer Aktienanlage (spekulativ oder ertragsorientiert)?
- Haben Sie einen PC mit Internetzugang?
- Was würden Sie davon halten, Ihre Wertpapieraufträge auch online durchzugeben?
- Wie haben Sie Ihre Tochter gegen Unfälle abgesichert?

- **Holen Sie vor Ihrer Prüfung einige Anlageempfehlungen und allgemeine Trends von den Wertpapierspezialisten Ihres Hauses ein!**

- Erklären Sie allgemein die Geldanlage in Aktien:

  o <u>Liquidität</u>: in der Regel täglich verfügbar zum Börsen-kurs (Valuta zwei Tage später). Zu beachten: kein Ver-kauf möglich, wenn eine Marktenge auftritt.   **Aktienanlage**

  o <u>Verwahrung</u>: In einem Wertpapierdepot (oder in effek-tiven Stücken in absoluten Ausnahmefällen). Vorteile der Depotverwahrung:

    - Informationen über alle wichtigen Termine durch die Depot führende Bank.

    - Pünktliche Auszahlung der Dividende.

    - Freistellungsauftrag kann erteilt werden.

  o <u>Kosten der Transaktion</u>: Provision beim Kauf und beim Verkauf der Papiere, Kosten für Limite sowie Depotfüh-rungspreise

  o <u>Risiken</u>: Kursrisiken aufgrund von Schwankungen, die durch Angebot und Nachfrage ausgelöst werden, bis hin zum Totalverlust (Insolvenz des Unternehmens). Währungsrisiken bei Unternehmen in fremder Währung oder bei Unternehmen, die Ihre „Leitbörse" in einem anderen Währungsgebiet haben.

  o <u>Limit</u>: bestens, billigst, limitiert, Stop-Loss, Stop-Buy

  o <u>Steuern</u>: Kapitalerträge sind steuerpflichtig, sie können aber durch Erteilung eines Freistellungsauftrages frei-gestellt werden. Die Freistellung ist über den Sparer-Pauschbetrag möglich (beträgt für Eheleute max. 1.602 EUR und für Ledige max. 801 EUR). Auf sämtliche pri-vaten Kapitalerträge wie z.B. Zinsen, Dividenden oder realisierte Kursgewinne wird die pauschale Abgel-tungssteuer i.H.v. 25 % und daraus 5,5 % Solidaritäts-zuschlag berechnet. Für Aktien oder Fonds, die vor dem 01. Januar 2009 gekauft wurden, gilt der so ge-nannte Bestandsschutz. Insofern die Anlage länger als 1 Jahr gehalten und erst danach Kursgewinne realisiert werden, bleiben diese Kursgewinne komplett steuer-frei. Details zur steuerlichen Behandlung s. Fall 5.6.

Kurszusätze

- o Kurse: Preise für eine Aktie in EUR (zumindest in den „EURO-Ländern")

- o Kurszusätze: GELD, BRIEF, bezahlt GELD, bezahlt BRIEF, TAXIERT, bezahlt.

- o Inflation: Bei einer Anlage in Aktien besteht ein gewisser Inflationsschutz. Hinter dem jeweiligen Unternehmen steht ein Mix aus Sachwerten (z.B. Gebäude, Fahrzeuge, Maschinen oder Rohstoffvorkommen). Im Falle von Inflation behalten diese Güter einen gewissen Wert, was sich auf den jeweiligen Kurs auswirkt.

Indizes

- ▪ Erklären Sie kurz die wichtigsten Börsenbarometer (Dow-Jones, DAX, TecDax, Eurostoxx)

- ▪ Erklären Sie evtl. kurz die wichtigsten Zusammenhänge (Zins-änderung, Änderung der Unternehmensbilanzen, Konjunktur)

- ▪ Empfehlung bestimmter Aktien – Hausmeinung (nutzen Sie die Informationen Ihrer Wertpapierexperten)

- ▪ Wertpapierbogen bzw. Beratungsprotokoll mit dem Kunden zusammen ausfüllen

---

Verkäuferisches Verhalten:

- ▪ Sprechen Sie Herrn Weinrot mit seinem Namen an.

- ▪ Halten Sie Blickkontakt, nutzen Sie Gestik und Mimik.

- ▪ Fassen Sie am Ende der Informationsphase noch einmal die wichtigsten Kundenbedürfnisse zusammen.

- ▪ Zeichnen Sie den Verlauf einer Kauf- und Verkaufstransaktion auf einem Blatt auf.

- ▪ Fertigen Sie Herrn Weinrot eine übersichtliche Aufstellung der Depot- und Transaktionspreise an. Beziehen Sie auch die Möglichkeit einer günstigeren Depotvariante bei Online-Brokerage ein (falls vorhanden).

- ▪ Empfehlen Sie in jedem Fall die Eröffnung eines Wertpapierdepots, da die Abwicklung mit effektiven Aktien äußerst kompliziert, zeitintensiv und teuer ist.

- ▪ Erklären Sie Herrn Weinrot kurz den Börsenteil einer Zeitung (z.B. Handelsblatt). Anhand dieser Zeitung können Sie Herrn Weinrot auch Kurse, Dividenden und Kurszusätze besser verdeutlichen.

- ▪ Falls es den Kunden interessiert, rechen Sie ihm laut vor, wie ein Kurs an der Börse zustande kommt (kommt eher selten vor).

- Sie sollten eher DAX-Werte empfehlen, da diese wesentlich liquider und weniger volatil sind.

- Da es sich insgesamt um recht schwierige Zusammenhänge handelt, sollten Sie deutlich und langsam erklären.

- Geben Sie Herrn Weinrot die Basisinformationen über Vermögensanlagen in Wertpapieren mit.

- Sollten Sie einmal Preise oder konkrete Hinweise nicht geben können, so fragen Sie Herrn Weinrot nach seiner Telefonnummer. Bieten Sie ihm an, ihn direkt nach der Rücksprache mit einem Spezialisten, zu benachrichtigen.

- Vereinbaren Sie ggf. einen neuen Termin

- Bieten Sie Herrn Weinrot an, jederzeit auch telefonisch bei Rückfragen gerne zur Verfügung zu stehen.

- Geben Sie Herrn Weinrot die gefertigten Aufzeichnungen, Aufstellungen und Ihre Visitenkarte mit.

- Wünschen Sie Ihrem Kunden viel Erfolg bei seinen Spekulationen.

Cross-Selling:

Vom Fall vorgegebenes Bedürfnis: Sparen und Anlegen

Cross-Selling-Potenzial:

- Monatliches Sparen

Vernetzbares Bedürfnis I: Geldverkehr

Cross-Selling-Potenzial:

- Kreditkarte, eventuell auch „Doppel"
- Onlinebanking / Online-Brokerage

Vernetzbares Bedürfnis II: Vorsorgen und Absichern

Cross-Selling-Potenzial:

- Altersvorsorge
- Unfallversicherung für Herrn Weinrot

5.11 Altersvorsorge

Situation:

Die Alleinverdienerin Beatrice Kraftvoll möchte sich ihren Lebensstandard auch im Alter erhalten. Nach der Geburt des zweiten Kindes hat Herr Kraftvoll als Hausmann die Erziehung der Kinder übernommen.

Frau Kraftvoll möchte sich jetzt bei Ihnen über die Möglichkeiten der Altersvorsorge informieren.

Beteiligte Personen:

Person:	Persönliche Angaben
Beatrice Kraftvoll	Verheiratet 36 Jahre 2 Kinder Filialleiterin eines Modehauses Gehalt: 3.600 EUR monatlich
Holger Kraftvoll	Ehemann von Beatrice Kraftvoll 38 Jahre Hausmann

Freistellungsauftrag: 1.600 EUR

Kontenübersicht Eheleute Kraftvoll:

Kontoart	Saldo (€)	Zins (%)	Sonstiges
Giro	H 2.000	H 0,00 % S 9,50 %	2 Kundenkarten Dispo: 4.000 EUR
Sparbuch	H 100	H 0,50 %	3 Mon. Kündigungsfrist
Geldmarktkonto	H 15.000	H 0,40 %	
Sparbrief	H 7.500	H 2,20 %	In wenigen Tagen fällig. Gutschrift auf das Sparkonto.
Baukredit	S 118.000	H 3,75 %	10 Jahre fest, im dritten Jahr
Fondsdepot	H 4.000		50 Stück Weltweit Aktienfonds (Kurs: 22,15 EUR)

Lösungsvorschläge:

Kundengespräch:

Kontaktphase:

- Begrüßen Sie Frau Kraftvoll freundlich.
- Fragen Sie ihre Kundin, wie das Geschäft im Modehaus läuft und wie es ihrem Ehemann und den Kindern geht.
- Überleitung: *„Was kann ich für Sie tun, Frau Kraftvoll?"*

Informationsphase:

- Einleitung*: „Da haben Sie vollkommen recht. Sich so früh wie möglich für das Alter abzusichern ist das A und O. Um Sie optimal beraten zu können, benötige ich noch einige Informationen. Ich werde Ihnen daher ein paar Fragen stellen und mir Notizen dazu machen. Sind Sie damit einverstanden, Frau Kraftvoll?"*
- Welche konkreten Vorstellungen haben Sie bezüglich Ihrer Altersvorsorge?
- Welche Vorsorgemaßnahmen haben Sie bereits für Ihr Alter getroffen?
- Wie viel Geld möchten Sie monatlich für Ihre Altersvorsorge zurücklegen?
- Was halten Sie von einer Aufteilung des Betrages in verschiedene Anlageformen?
- Was halten Sie davon, gleichzeitig Ihre Familie für den Fall, dass Ihnen als Alleinverdiener etwas zustößt, mit abzusichern?
- In welcher Höhe sollte Ihre Familie dann abgesichert sein? (Höhe des Baukredites beachten)
- Wären Sie bereit ein gewisses Risiko einzugehen, um eine höhere Rendite zu erzielen?
- Welche Erfahrungen haben Sie mit Fonds bisher gemacht?
- Was halten Sie von einer Anlage in Immobilien?
- Wie hoch ist Ihr zu versteuerndes Jahreseinkommen in etwa?
- In welchem Alter soll die Auszahlung der Zusatzrente bzw. des Betrages beginnen?
- Wie lange soll die Rente garantiert ausgezahlt werden, das heißt auch über Ihren Tod hinaus?
- Wer soll für diesen Fall begünstigt werden?
- Wie hoch würden Sie sich Ihre garantierte Zusatzrente wünschen?

Fachliche Ziele:

- Erklären Sie das „drei Säulen Modell":

Drei Säulen der Altersvorsorge

  - o 1. mietfreies Wohnen im Alter
  - o 2. gesetzliche Rentenversicherung
  - o 3. private Altersvorsorge (aufgeteilt im Idealfall in einen ertragreichen, risikobehafteten Teil, einen sicheren Teil und die Riester bzw. Rürup Rente)

  (ggf. noch betriebliche Altersvorsorge)

- Erläutern Sie die nach der Informationsphase in Frage kommenden Produkte:

Lebens-versicherung

  - o Kapitallebensversicherung: feste Laufzeit, garantierte Ablaufleistung in einem Betrag oder als Rente + Überschussanteile. Im Todesfall Zahlung der Versicherungssumme.

Renten-versicherung

  - o Rentenversicherung: im Prinzip wie die LV, aber nur Auszahlung des Rückkaufwertes bei Tod.

Fondsanlagen

  - o Monatliche Geldanlage in Fonds: entweder einzelne Fonds oder Misch- bzw. Dachfonds, die in Immobilien, Renten und Aktien anlegen. Umschichtung der Aktienanteile in sichere Anlagen vor Eintritt des Ablaufzeitpunktes. Je nach Ausgestaltung (garantierte) Rentenzahlung möglich oder Einmalbetrag.

Renten-Auszahlplan

  - o Renten-Auszahlplan: einmalige Spareinlage, die dann in einzelnen „Rentenzahlungen" entweder mit Zins- oder Kapitalverzehr ausgezahlt wird.

- Neben den in Frage kommenden Produkten ist auch die Förderung der privaten Altersvorsorge von Interesse.

Betriebliche Altersvorsorge

- Evtl. Betriebliche Altersvorsorge: Der Arbeitnehmer zahlt einen frei wählbaren Teil seines Gehalts (Höchstgrenzen beachten) in einen entsprechenden Vertrag ein, der dann steuerfrei bleibt. Voraussetzung ist allerdings, dass der Arbeitgeber mit Ihrem Institut einen Rahmenvertrag hat und die gewünschten Zahlungen vom Gehalt des Arbeitnehmers abführt.

- Die Riester-Rente ist eine private oder betriebliche Altersvorsorge auf freiwilliger Basis. Sparbeträge werden vom Sparer in
förderfähige Produkte (z.B. Rentenversicherung oder Fonds-
gebundene Rentenversicherung) eingezahlt. Der Staat gewährt
dazu eine staatliche Grund- bzw. Kinderzulage oder einen die
Steuer mindernden Sonderausgabenabzug. Die Förderung
greift, wenn der Sparer den erforderlichen Eigenbeitrag auf den
Vertrag einzahlt. Der Eigenbeitrag ist abhängig vom sozialver-
sicherungspflichtigen Vorjahresbruttoeinkommen [soz.Vbe]
(4 % vom Vorjahresbruttoeinkommen, maximal 2.100 EUR).
Insofern der Vertragsinhaber kein sozialversicherungspflichti-
ges Einkommen erzielt, gilt der Sockelbetrag, der eingezahlt
werden muss, um die Grundzulage (und ggf. Kinderzulagen) zu
erhalten.   **Riester-Rente**

Übersicht der Beiträge und Zulagen:

Grund-zulage pro Person (€)	Kinder-zulage pro Kind (€)	Eigen-beitrag auf soz. Vbe	Höchst-betrag / Sonder-ausgaben-abzug (€)	Sockel-betrag (€)
154,00	185,00/ 300,00*	4 %	2.100,00	60,00

* Bei Geburtsjahr ab 2008

- Die Rürup-Rente zielt einerseits auf Selbständige ab, die nicht
zum förderfähigen Personenkreis der Riester Rente gelten.
Andererseits können auch Angestellte (z.B. bei hoher Einkom-
mensteuer) von der Rürup-Rente profitieren. Beträge, die in einen Rürup-Vertrag eingezahlt werden, können bis maximal
22.172 EUR pro Jahr und Person als Sonderausgaben geltend
gemacht werden (Prozentstaffel der Abzugsfähigkeit beachten;
2016: 82%). Voraussetzungen: **Rürup-Rente**

  - o Lebenslange Leibrente zu vereinbaren

  - o Vertrag nicht vererbbar, beleihbar, übertragbar, ver-
pfändbar, veräußerbar

  - o Rentenauszahlung mtl. ab dem 62. Lebensjahr

  - o Ende der Rentenzahlung bei Tod des Versicherten

- Passenden Tarif für die Kapital LV bzw. Rentenversicherung
aussuchen.

- Evtl. Bestandteile der Versicherungsraten beschreiben.

- Passende Fonds aussuchen, die zum Risikoprofil der Kraftvolls passen.

- Eine Fondsanlage kann, sollte der Kunde damit keine Erfahrung haben, zu weiterem Erklärungsbedarf führen. Erklären Sie in diesem Fall noch die Funktionsweise und das Wesen eines Fonds (vgl. auch Fall 5.2).

- Legitimationen einholen und Beratungsprotokoll aushändigen

Verkäuferisches Verhalten:

- Sprechen Sie Frau Kraftvoll persönlich mit ihrem Namen an.
- Halten Sie Blickkontakt, nutzen Sie Gestik und Mimik.
- Fassen Sie am Ende der Informationsphase noch einmal die wichtigsten Kundenbedürfnisse zusammen.

- Zeichnen Sie zur Verdeutlichung des „drei Säulen Modells" die einzelnen Pfeiler auf ein Blatt und erklären Sie damit die einzelnen Bestandteile.

- Benutzen Sie zur Erklärung der Lebens- oder Rentenversicherung eine Musterberechnung. Dadurch kann sich Frau Kraftvoll leichter die Details vorstellen. Außerdem haben Sie den Vorteil, dass Sie nicht vergessen, alle notwendigen Daten zu erfragen.

- Sollten Sie die Aufteilung der Raten bei den Versicherungen beschreiben müssen, so bedienen Sie sich einer Grafik:

Beispielschaubild für den Aufbau der Versicherungsraten

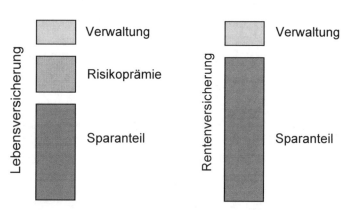

- Nutzen Sie zur Visualisierung der Fondsanlage Charts und Kreisdiagramme. Vorteile speziell bei der Altersvorsorge:
  - o Lange Laufzeit ➲ geringere Kursschwankungen
  - o Automatische Umschichtung der Aktienanteile in den „sicheren Hafen" Immobilien- und Rentenfonds (sukzessive während der Laufzeit)

- o Die Vergangenheit hat gezeigt, dass über lange Zeiträume hohe Renditen erzielt werden können (z.B. ca. 8 % bis 10 % jährlich) – Garantie nicht möglich

- Erklären Sie ggf. die Fondsanlage mit Hilfe des „Topfes" und nennen Sie die Vorteile im Vergleich zur Geldanlage in Einzeltiteln.

- Verdeutlichen Sie die Riester Rente, Rürup-Rente und gegebenenfalls die betriebliche Altersvorsorge mit Hilfe eines Mustermappenprospektes, aus dem sowohl die einzelnen Modalitäten als auch die staatlichen Prämien hervorgehen.

- Geben Sie Frau Kraftvoll die gefertigten Notizen und Aufzeichnungen mit. Händigen Sie ihr auch die verwendeten Prospekte sowie Ihre Visitenkarte aus.

- Vereinbaren Sie ggf. einen neuen Termin. Bieten Sie auch an, Herrn Kraftvoll ebenfalls einzuladen.

- Wünschen Sie Frau Kraftvoll viel Erfolg im Modehaus und bestätigen Sie ihr noch einmal: „Ich bin sicher, Frau Kraftvoll, dass Ihnen die finanzielle Absicherung Ihrer Rente keine schlaflosen Nächte mehr bereiten wird. Sie sind sehr gut gerüstet!"

- Lassen Sie Herrn Kraftvoll und die Kinder schön grüßen und geben Sie für die Kinder vielleicht noch ein kleines Präsent mit.

Cross-Selling:

Vom Fall vorgegebenes Kundenbedürfnis:

Sparen und Anlegen

Cross-Selling-Potenzial:

- Monatliches Sparen

Vernetzbares Bedürfnis I: Geldverkehr

Cross-Selling-Potenzial:

- Kreditkarte evtl. „Doppel"

Vernetzbares Bedürfnis II: Vorsorgen und Absichern

Cross-Selling-Potenzial:

- Unfallversicherung für die Kinder

- Berufsunfähigkeitsversicherung

- Evtl. private Krankenversicherung

- Bausparvertrag als Krankenversicherung fürs Haus

5.12 Bezugsrechte und Optionsscheine

Situation:

Ihr Kunde Hubert Dahlmann legt Ihnen ein Schreiben Ihrer Bank vor, in dem er darüber informiert wird, dass die A-AG, von der er Aktien hält, eine Kapitalerhöhung durchführt.

Aus dem Schreiben geht hervor, dass er Bezugsrechte bekommen hat. Nun möchte Herr Dahlmann wissen, was er mit den Bezugsrechten anfangen kann und soll. Außerdem hat ein Arbeitskollege Herrn Dahlmann erzählt, dass man auch bei fallenden Kursen mit Optionsscheinen noch Geld verdienen könne. Auch über diese Möglichkeit hätte sich Herr Dahlmann gerne informiert.

Beteiligte Personen:	
Person:	**Persönliche Angaben**
Hubert Dahlmann	ledig 28 Jahre Busfahrer Gehalt: 1.800 EUR monatlich

Freistellungsauftrag: 700 EUR

Kontenübersicht Hubert Dahlmann:			
Kontoart	**Saldo (€)**	**Zins (%)**	**Sonstiges**
Giro	S 10	H 0,00 % S 9,50 %	1 Kundenkarte Dispo: 3.000 EUR
Sparbuch	H 1.300	H 0,50 %	3 Mon. Kündigungsfrist
Wertpapier-depot	H 31.000	201 Stück A-AG (Kurs: 72,54 EUR)	
		IHS 2008 Ihrer Bank nominal 5 TEUR (3,75 %, Kurs: 102,10)	
		50 BASF Aktien (Kurs: 71,00, Dividende: 2,90)	
		50 Volkswagen Aktien (Kurs: 120,00, Dividende: 0,17)	

.
.
.
.

Herrn
Hubert Dahlmann
Nebengasse 39

12345 Irgendwo

Bezugs-   **Bezugsangebot:**
angebot   **A-AG Kapitalerhöhung gegen Bareinzahlung für voll**
                 dividendenberechtigte Aktien

Sehr geehrter Herr Dahlmann,

die oben genannte Aktiengesellschaft hat zu den folgenden Bedingungen ein Bezugsangebot unterbreitet:

- Bezugsverhältnis: 2 zu 1
- Bezugsrechtsbestand: 201 Stück
- Bezugspreis der neuen Aktien: 50 EUR
- Bezugsfrist: 20.02.. bis 03.03..
- Bezugsrechtshandel: 20.02.. bis 01.03..

Sollten Sie uns bis zum letzten Handelstag keine Weisung erteilt haben, so werden wir Ihre Bezugsrechte am letzten Handelstag bestens
zu Ihren Gunsten verkaufen.

Mit freundlichen Grüßen

.
.
.

Lösungsvorschläge:

Kundengespräch:

Kontaktphase:

- Begrüßen Sie Herrn Dahlmann freundlich.
- Smalltalk über Wetter, Parkplatz, dichten Verkehr
- Überleitung: *„Was kann ich für Sie tun, Herr Dahlmann?"*

Informationsphase:

- Einleitung*: „Um Sie optimal beraten zu können, benötige ich noch einige Informationen. Ich werde Ihnen daher ein paar Fragen stellen und mir Notizen dazu machen. Diese Notizen kann ich dann ggf. auch im Beratungsprotokoll verwenden und Ihnen im Nachgang zur Verfügung stellen. Sind Sie damit einverstanden, Herr Dahlmann?"*
- Welche Erfahrungen haben Sie bisher mit Bezugsrechten?
- Welches Ziel verfolgen Sie mit Ihren Aktienanlagen?
- Wie lange haben Sie die A-AG-Aktien bereits und wie lange beabsichtigen Sie, die Papiere noch zu halten?
- Sind Sie daran interessiert, Ihren Anteil an der A-AG so zu belassen, wie er ist?
- Von welchen Anlagen hat Ihr Arbeitskollege gesprochen?
- Welches Ziel verfolgen Sie mit der Anlage in Optionsscheinen?
- Wären Sie bereit ein hochspekulatives Wertpapier zu kaufen, um eine eventuell hohe Rendite zu erzielen, wenn Sie wissen, dass ein Totalverlust Ihres Geldes relativ leicht möglich ist?

An dieser Stelle wird eine Erläuterung der Risiken und Chancen eines Optionsscheins sowie dessen Funktionsweise notwendig.

- Rechnen Sie mit steigenden oder fallenden Kursen?
- Auf welches Papier möchten Sie einen Optionsschein erwerben? (Index, Aktie, Währung)
- Von welcher Ihrer bisherigen Kapitalanlagen möchten Sie sich trennen, um dieses spekulative Papier zu kaufen?
- Welchen Betrag möchten Sie einsetzten?
- Wie lange soll die Laufzeit des Optionsscheines sein?
- An welche Basis des Optionsscheines haben Sie gedacht?
- Wie versorgen Sie sich mit Informationen zur Börse und zu den jeweiligen Unternehmen? Welche Erfahrungen haben Sie?

- Erklären Sie den Charakter und die Funktionsweise eines Bezugsrechtes.

  Die Kapitalerhöhung einer Aktiengesellschaft wird z.B. über die Ausgabe neuer Aktien bewirkt. Dadurch sinkt der Kurs der alten Aktien. Als Ausgleich für die Kursverluste werden den Altaktionären Bezugsrechte gegeben. Wenn der Kunde seinen Aktienanteil an der Gesellschaft behalten will, so kann er mit den Bezugsrechten neue Aktien zum Bezugspreis erwerben. Die Bezugsrechte werden an der Börse gehandelt, dadurch sind auch andere als der rechnerische Wert des Bezugsrechtes möglich (Angebot und Nachfrage bestimmen den Preis). Wird keine Weisung erteilt, so werden die Bezugsrechte am letzten Handelstag bestens verkauft.

Charakter und Funktionsweise eines Bezugsrechtes

- Ermitteln Sie den rechnerischen Wert des Bezugsrechtes.

rechnerischer Wert des Bezugsrechtes

Rechenschritt:	Betrag (EUR)
Auf zwei alte Aktien im Wert von je 72,54 EUR	145,08
Zukauf einer neuen Aktie zu 50 EUR	50,00
Insgesamt 3 Aktien im Gesamtwert von	195,08
Damit kostet eine neue Aktie durchschnittlich	65,03
Differenz zwischen altem (72,54 EUR) und neuem Aktienkurs (65,03 EUR) ➔ **rechnerischer Wert des Bezugsrechtes**	**7,51**

- Zeigen Sie die Möglichkeiten auf, die Herr Dahlmann hat:
  - Bezug von 101 neuen Aktien: Kauf eines Bezugsrechtes und Zahlung des Bezugspreises für 101 Aktien.

    Kosten: 1 x 7,51 + 101 x 50 = 5.057,51 EUR
  - Bezug von 100 neuen Aktien: Verkauf eines Bezugsrechts und Zahlung des Bezugspreises für 100 Aktien.

    Kosten: 100 x 50 − 1 x 7,51 = 4.992,49 EUR
  - Kostenneutraler Bezug von 23 Aktien: Verkauf von 155 Bezugsrechten und Zahlung des Bezugspreises für 23 Aktien.

    Erlös: 155 x 7,51 − 23 x 50 = 14,05 EUR

Möglichkeiten beim Bezug von jungen Aktien

o   Alle Bezugsrechte werden über die Börse verkauft.

Erlös: 201 x 7,51 = 1.509,51 EUR

▪   Erklären Sie den Charakter und die Funktionsweise eines Optionsscheines:

Charakter und Funktionsweise eines Optionsscheines

Der Optionsschein (gedeckter Schein) ist ein Wertpapier, das das Recht beinhaltet, Basiswertpapiere in der Zukunft zu festen Preisen zu erwerben oder zu veräußern. Möglich ist auch das Verlangen einer Zahlung von Differenzbeträgen bei Währungs- und Indexoptionsscheinen (nackter Schein). Die Bedingungen der Optionsscheine sind sehr unterschiedlich. Daher sollten Sie auch nur kurz die wichtigsten Merkmale aufzeigen. In der Regel wird die Option, Papiere zu beziehen, nicht ausgeübt. Stattdessen werden die Positionen „glatt gestellt", das heißt, die Optionsscheine werden wieder verkauft.

o   Handel: Gehandelt werden Optionsscheine für Währungen, Zinsen, Indizes und Wertpapiere.

o   Basis: Die Basis ist der feste Preis, der für die entsprechenden Papiere gezahlt wird, bzw. die „Grenze", die für die Berechnung der Differenzbeträge herangezogen wird.

o   Arten: Puts sind Optionsscheine, die bei fallenden Kursen des Basisgegenstandes Gewinne erzielen. Calls sind Optionsscheine, die bei steigenden Kursen Gewinne erzielen.

o   Risiken: Optionsscheine unterliegen in der Regel wesentlich höheren Schwankungen, als die entsprechenden Basiswerte (Hebel). Je nachdem, welche Papiere gekauft werden, können Zins-, Kurs- und oder Währungsrisiken auftreten. Wichtig ist vor allem die Gefahr des Totalverlustes, wenn die Optionsscheine am Ende der Laufzeit die Basis nicht erreicht haben. In diesen Fällen kommt es zum Totalverlust der Optionsprämie.

▪   Füllen Sie den Wertpapierbogen und das Beratungsprotokoll aus. Es ändert sich eventuell das Anlageverhalten und damit auch die Risikokategorie des Kunden.

Termin-geschäfts-fähigkeit

▪   Beachten Sie, dass auch die Termingeschäftsfähigkeit hergestellt werden muss. Lassen Sie den Kunden die entsprechende Erklärung unterschreiben.

▪   Geben Sie Herrn Dahlmann die Basisinformationen über Termingeschäfte mit.

▪   Erste Transaktionen ausführen.

Verkäuferisches Verhalten:

- Sprechen Sie Herrn Dahlmann persönlich an.
- Halten Sie Blickkontakt, nutzen Sie Gestik und Mimik.
- Fassen Sie am Ende der Informationsphase noch einmal die wichtigsten Kundenbedürfnisse zusammen.
- Reden Sie unbedingt laut, während Sie den rechnerischen Preis des Bezugsrechtes ermitteln.
- Verdeutlichen Sie die vier Möglichkeiten des Bezuges auf einem Blatt nebeneinander. Dann kann Herr Dahlmann die Kosten besser abschätzen und sich leichter für eine Variante entscheiden.
- Optionsscheine sind eine ziemlich komplizierte Geldanlage. Sie sollten daher versuchen, die Situation mit Hilfe eines Beispiels zu erklären und zu visualisieren.
- Versuchen Sie, die Risiken nicht zu groß werden zu lassen. Empfehlen Sie für den Fall, dass Herr Dahlmann unbedingt Optionsscheine erwerben möchte, zunächst nur ein Papier. Damit kann er erste Erfahrungen sammeln.
- Geben Sie Herrn Dahlmann alle gefertigten Aufzeichnungen und Berechnungen mit.
- Wünschen Sie Ihrem Kunden einen schönen Tag und viel Erfolg bei seinen Spekulationen.
- Bieten Sie an, jederzeit bei Rückfragen gerne zur Verfügung zu stehen und geben Sie Herrn Dahlmann Ihre Visitenkarte mit.

Cross-Selling:

Vom Fall vorgegebenes Bedürfnis: Sparen und Anlegen

Cross-Selling-Potenzial:

- Monatliches Sparen

Vernetzbares Bedürfnis I: Geldverkehr

Cross-Selling-Potenzial:

- Kreditkarte

Vernetzbares Bedürfnis II: Vorsorgen und Absichern

Cross-Selling-Potenzial:

- Altersvorsorge
- Berufsunfähigkeitsversicherung

Kreditgeschäft

Nachdem Sie jetzt auch den Bereich Geld- und Vermögensanlagen erfolgreich bearbeitet haben, geht es nun in die letzte Disziplin: das Kreditgeschäft. Sie werden feststellen, dass gerade bei den Kreditfällen noch mehr Informationen vom Kunden eingeholt werden müssen. Ein wichtiger Teil eines jeden Kreditfalls ist die Prüfung der Kapitaldienstfähigkeit. Nutzen Sie auch hier Ihre Zusatzverkaufschancen.

6.1 Autofinanzierung

Situation:

Herr Kind hat vor kurzem seine Schreinerausbildung beendet. Nachdem er in ein unbefristetes Arbeitsverhältnis übernommen wurde, möchte er sich nun selbst etwas gönnen. Er möchte sich ein neues Auto kaufen und fragt Sie nach einem Kredit, da er nur geringe Eigenmittel hat.

Beteiligte Personen:	
Person:	**Persönliche Angaben**
Michael Kind	ledig 19 Jahre kinderlos Schreiner, Gehalt: 1.050 EUR monatlich

Freistellungsauftrag: 600 EUR

Kontenübersicht Michael Kind:			
Kontoart	**Saldo (€)**	**Zins (%)**	**Sonstiges**
Giro	H 200	H 0,00 % S 10,50 %	1 Kundenkarte Dispo: 2.000 EUR
VL-Sparen	H 1.500	H 0,75 %	Läuft seit 3 Jahren

Lösungsvorschläge:

Kundengespräch:

Kontaktphase:

- Begrüßen Sie Herrn Kind freundlich.
- Reden Sie mit ihm über das Ende seiner Ausbildung und über seine Pläne für die Zukunft.
- Überleitung: *„Was kann ich für Sie tun, Herr Kind?"*

Informationsphase:

- Einleitung: *„Das kann ich gut verstehen, dass Sie sich nach den langen Lehrjahren etwas gönnen möchten. Um Ihnen ein maßgeschneidertes Angebot unterbreiten zu können, benötige ich noch einige Informationen. Ich werde Ihnen daher ein paar Fragen stellen und mir Notizen dazu machen. In Ordnung, Herr Kind?"*
- Wie viel soll das neue Auto kosten?
- Was passiert mit dem alten Auto?
- Wie viel Kredit benötigen Sie?
- Welche Eigenmittel bringen Sie ein?
- Welche Laufzeit haben Sie sich vorgestellt?
- Wie viel möchten Sie monatlich zurückzahlen?
- Wie viel verdienen Sie? Wie hoch ist Ihr Einkommen?
- Welche weiteren Einkünfte haben Sie (Belege)?
- Wie lange läuft der Arbeitsvertrag?
- Welche beruflichen Pläne haben Sie für die Zukunft?
- Wann werden Sie Ihren Wehrdienst ableisten?
- Welche feststehenden monatlichen Verpflichtungen haben Sie? (Denken Sie an Darlehen, Versicherungen, Bausparen, Sparleistungen, Mieten, Vereinsbeiträge, Parteibeiträge, Unterhaltszahlungen und Telefon)
- Welche sonstigen Ausgaben haben Sie? (Denken Sie z.B. an den Lebensunterhalt, Unterhalt des Autos)
- Wie haben Sie sich die Besicherung des Kredites vorgestellt?
- Wo werden Sie das neue Fahrzeug versichern?
- Können Sie sich eine vorzeitige Rückzahlung des Darlehens vorstellen?
- Welche Absicherung haben Sie für Ihr Alter, Unfälle und Berufsunfähigkeit getroffen?

Fachliche Ziele:

- Ermittlung des Kreditbedarfs

- Ermittlung der persönlichen und materiellen Kreditwürdigkeit, Kredit Scoring (statistisches Verfahren als Grad der Bonitätsmessung)

- Ermittlung des monatlich verfügbaren Einkommens; Faustformel für den Lebensunterhalt (folgen Sie hier der Richtlinie Ihres Institutes): **Faustformel für den Lebensunterhalt**

  o Ca. 450 EUR für die erste Person im Haushalt

  o Ca. 350 EUR für die zweite Person im Haushalt

  o Ca. 250 EUR für jede weitere Person im Haushalt

- Einholung einer SCHUFA Auskunft – Einwilligung einholen

- Prüfung der bisherigen Kontoführung

- Ermittlung der Rate und Kreditlaufzeit

- Kreditentscheidung

- Vorvertragliche Informationen bei Verbraucherdarlehen bei natürlichen Personen mit den wesentlichen Inhalten (z.B. Darlehensart, Nettodarlehns- & Gesamtbetrag, Effektivzins) **Vorvertragliche Information**

- Erklären Sie die Kreditmodalitäten (In der Regel Vereinbarung einer festen Laufzeit mit einem festen Zinssatz [je nach KI]. Evtl. Sonderzahlungsmöglichkeit. Zum Beispiel Abzahlungsdarlehen mit fester Tilgungsleistung und sinkenden Zinszahlungen; dadurch auch sinkende Gesamtrate.) **Abzahlungsdarlehen**

- Erklären Sie die Besicerung (In diesem Fall dient vermutlich die Sicherungsübereignung des PKW als Sicherheit. Bei sehr guter Bonität kann darauf verzichtet werden.)

- Erklären Sie die Sicherungsübereignung **Sicherungsübereignung**

  o Abschluss eines Vertrages zur Sicherungsübereignung (Besitzkonstitut)

  o PKW wird Vollkasko versichert

  o Fahrzeug bleibt beim Kreditnehmer zur Nutzung (unmittelbarer Besitzer)

  o Auto bleibt aber Eigentum des Kreditinstitutes (mittelbarer Besitzer) ➲ Aushändigung der Zulassungsbescheinigung Teil II an die Bank

  o Anzeige der Sicherungsübereignung an die Versicherung (Zahlung an die Bank, falls PKW beschädigt wird)

- Natürlich können auch andere Sicherheiten angeboten werden. (Bürgschaft, Grundschuld)

Verkäuferisches Verhalten:

- Sprechen Sie Herrn Kind persönlich mit seinem Namen an.
- Halten Sie Blickkontakt, nutzen Sie Gestik und Mimik.
- Fassen Sie am Ende der Informationsphase noch einmal die wichtigsten Kundenbedürfnisse zusammen.
- Verweisen Sie aus Zeitgründen lediglich auf die vorvertraglichen Informationen (weniger als 1 Minute)
- Bei der Ermittlung des Kreditbedarfes und des verfügbaren monatlichen Einkommens sollten Sie mit dem Kunden zusammen eine Berechnung durchführen. Sprechen Sie unbedingt laut beim Rechnen.

Beispielberechnung des Kreditbedarfs

Berechnung des Kreditbedarfs (Beispiel):

Zu nennende Position	Zu nennender Betrag in EUR
Kaufpreis des Fahrzeugs (inklusive Rabatt):	+ 20.000,00
Wert des alten PKW:	- 5.000,00
Eigenmittel:	- 5.000,00
Kreditbedarf:	**10.000,00**

Beispielberechnung des verfügbaren Einkommens

Berechnung des verfügbaren Einkommens (Beispiel):

Zu nennende Position	Zu nennender Betrag in EUR
Monatliches Nettoeinkommen	+ 1.050,00
Weitere Einkünfte (z.B. Spielerprämie vom Fußballverein)	+ 100,00
Miete:	- 220,00
Unfallversicherung:	- 30,00
Telefon / Handy:	- 50,00
Lebensunterhalt:	- 450,00
Auto:	- 150,00
Verfügbares monatliches Einkommen:	**250,00**

- Zeichnen Sie Herrn Kind auf, wie die Sicherungsübereignung funktioniert. Dadurch werden die Zusammenhänge deutlicher.

- Bieten Sie Herrn Kind eine Vollkaskoversicherung in Ihrem Hause an. Eventuell können Sie in diesem Fall auch günstigere Kreditzinsen anbieten (ja nach KI).

- Rechnen Sie Herrn Kind die monatliche Rate aus. Sprechen Sie auch hier laut bei jedem einzelnen Rechenschritt.

Beispiel für ein Abzahlungsdarlehen (10.000 EUR, 4 % Zinsen):

Beispielberechnung für ein Abzahlungsdarlehen

Jahr:	Betrag (EUR):	Zins (EUR):	Tilgung (EUR):	Jährl. Rate (EUR)	Mtl. Rate (EUR)
1.	10.000	400	2.000	2.400	200,00
2.	8.000	320	2.000	2.320	193,33
3.	6.000	240	2.000	2.240	186,67
4.	...	...	...	...	...

- Notieren Sie Herrn Kind die benötigten Unterlagen, die noch fehlen.

- Teilen Sie für den Fall einer positiven Kreditentscheidung Herrn Kind mit, dass Sie ihm vertrauen und nicht an seiner Kreditwürdigkeit zweifeln.

- Sollte es zu einem „Negativverkauf" kommen, so zeigen Sie Herrn Kind die Gründe und Lösungsmöglichkeiten auf. Denkbar wären zum Beispiel der Kauf eines etwas günstigeren Wagens oder Modells sowie der Verzicht auf einige Extras. Argumentieren Sie beispielsweise wie folgt:

„Negativ-" bzw. „Neinverkauf"

  o *„...in Ihrem eigenen Interesse kann ich Ihnen den Kredit unter diesen Umständen leider nicht gewähren. Ihr monatliches Einkommen würde nicht ausreichen, um den Kredit vertragsgemäß zurückzuzahlen. Das hätte zur Folge, dass Sie Gefahr laufen würden, Ihre Kreditwürdigkeit zu verlieren. Das wiederum könnte negative Auswirkungen auf zukünftige Finanzierungswünsche haben.*

  Aber lassen Sie uns doch gemeinsam eine Lösung suchen. Wenn der Kreditbetrag um etwa 3.500 EUR niedriger ausfällt, kann ich Ihnen die Finanzierung anbieten, Herr Kind. Gibt es vielleicht Extras, auf die Sie verzichten können? Oder können Sie sich vielleicht eine etwas niedrigere Motorleistung vorstellen?..."

- Geben Sie Herrn Kind in jedem Fall alle gefertigten Aufzeichnungen und Nebenrechnungen mit.

- Wünschen Sie ihm viel Spaß mit dem neuen Wagen und sagen Sie ihm, dass Sie sich freuen würden, wenn er Ihnen das neue „Geschoss" auch einmal präsentieren würde.

- Vereinbaren Sie ggf. einen neuen Termin, um Zusatzverkäufe einzuleiten bzw. weitere Fragen zu klären. Insbesondere sollten Sie die Möglichkeit einer neuen Terminvereinbarung nutzen, falls Herr Kind den Kreditvertrag nicht gleich abschließen möchte.

- Geben Sie Herrn Kind Ihre Visitenkarte.

Cross-Selling:

Hier ist unbedingt darauf zu achten, dass dem Kunden keine monatlichen Verpflichtungen verkauft werden, die die Rückzahlung des Darlehens gefährden. Freies, monatlich verfügbares Einkommen kann aber angelegt werden.

Vom Fall vorgegebenes Bedürfnis: Immobilie und Konsum

In Kreditfällen ist es schwierig noch ein weiteres Produkt aus dem gleichen Kundenbedürfnis abzuleiten.

Vernetzbares Bedürfnis I: Geldverkehr

Cross-Selling-Potenzial:

- Kreditkarte
- Onlinebanking

Vernetzbares Bedürfnis II: Vorsorgen und Absichern

Cross-Selling-Potenzial:

- Altersvorsorge
- Unfall- und Berufsunfähigkeitsversicherung
- Haftpflichtversicherung (hat gerade Ausbildung beendet ➜ nicht mehr über die Eltern versichert)
- Restkreditversicherung

6.2   Ratenkredit bzw. Konsumkredit

Situation:

Erwin Krämer wohnt mit seiner Freundin bereits seit längerem in einer Mietwohnung. Die beiden möchten nun gemeinsam die Wohnung neu einrichten. Neben neuen Möbeln soll eine kleine Küche eingerichtet werden. Außerdem sind neue Platten im Badezimmer geplant.

Da die Freundin von Herrn Krämer nicht Kunde Ihres Institutes ist, stellt Herr Krämer Ihnen die Pläne alleine vor und beziffert das Investitionsvolumen auf etwa 13.000 EUR. Beraten Sie Herrn Krämer.

Beteiligte Personen:	
Person:	**Persönliche Angaben**
Erwin Krämer	In fester Beziehung lebend 26 Jahre, kinderlos Soldat auf Zeit, Gehalt: 1.300 EUR monatlich
Jutta Dollmann	Lebensgefährtin von Erwin Krämer 24 Jahre Verkäuferin, Gehalt: 800 EUR monatlich

Freistellungsauftrag Erwin Krämer: 700 EUR

Kontenübersicht Erwin Krämer:			
Kontoart	**Saldo (€)**	**Zins (%)**	**Sonstiges**
Giro	S 1.000	H 0,00 % S 10,50 %	1 Kundenkarte Dispo: 2.000 EUR
Sparbuch	H 1.500	H 0,25 %	3 Mon. Kündigungs- frist
Bausparvertrag	H 3.000	H 1,50 %	VL-Vertrag mtl. Rate 40 EUR, Tarif mit niedrigen Darlehens- zinsen
Lebensversicherung	H 3.000		Seit 5 Jahren, mtl. Rate 50 EUR, Versicherungssumme 30.000 EUR
Fondsdepot	H 1.500		67,72 Stück Weltweit Aktienfonds (Kurs: 22,15 EUR)

Lösungsvorschläge:

Kundengespräch:

Kontaktphase:

- Begrüßen Sie Herrn Krämer freundlich.
- Smalltalk über Themen wie Wetter, Parkplatz, dichter Verkehr
- Überleitung: *„Was kann ich für Sie tun, Herr Krämer?"*

Informationsphase:

- Einleitung: *„Gute Idee, ich selbst habe auch gerade neue Möbel und eine neue Küche angeschafft. Wir fühlen uns jetzt auch wesentlich wohler. Um Ihnen ein maßgeschneidertes Angebot unterbreiten zu können, benötige ich noch einige Informationen. Ich werde Ihnen daher ein paar Fragen stellen und mir Notizen dazu machen. In Ordnung, Herr Krämer?"*
- Wie hoch soll die Investition genau sein?
- Wann sollen die Anschaffungen getätigt werden?
- Welche Eigenmittel bringen Sie und Ihre Freundin ein?
- Soll Ihre Freundin mitverpflichtet werden?
- Welche Laufzeit haben Sie sich vorgestellt?
- Wie viel möchten Sie monatlich zurückzahlen?
- Wie viel verdienen Sie und Ihre Freundin (Belege [Lohnzettel])?
- Welche weiteren Einkünfte haben Sie (Belege)?
- Wie lange läuft der Arbeitsvertrag Ihrer Freundin?
- Wie lange haben Sie sich als Soldat verpflichtet?
- Wie lange sind Sie schon Soldat auf Zeit?
- Welche beruflichen Pläne haben Sie für die Zeit nach der Bundeswehr?
- Welche feststehenden monatlichen Verpflichtungen haben Sie und Ihre Freundin? (Denken Sie an Darlehen, Versicherungen, Bausparen, Sparleistungen, Mieten, Vereinsbeiträge, Parteibeiträge, Unterhaltszahlungen und Telefon)
- Welche sonstigen Ausgaben haben Sie und Frau Dollmann? (Denken Sie z.B. an den Lebensunterhalt, Unterhalt des Autos)
- Wie haben Sie sich die Besicherung des Kredites vorgestellt?
- Wie sieht Ihre weitere Familienplanung aus?

- Wird Ihre Freundin noch weiterhin arbeiten?
- Werden Sie einen erhöhten Versicherungsbedarf nach Anschaffung der neuen Einrichtungsgegenstände haben?
- Können Sie sich eine vorzeitige Rückzahlung des Darlehens vorstellen?

Fachliche Ziele:

- Ermittlung des Kreditbedarfs
- Ermittlung der persönlichen und materiellen Kreditwürdigkeit
- Ermittlung des monatlich verfügbaren Einkommens; Faustformel für den Lebensunterhalt (folgen Sie hier der Richtlinie Ihres Institutes):
  - o Ca. 450 EUR für die erste Person im Haushalt
  - o Ca. 350 EUR für die zweite Person im Haushalt
  - o Ca. 250 EUR für jede weitere Person im Haushalt

In diesem Fall sollten Sie auch die Problematik Kinder berücksichtigen. Reicht das Gehalt von Herrn Krämer alleine aus, um für die Familie zu sorgen sowie Zins und Tilgung zu zahlen? **Problematik Familienplanung**

Eine weitere Problematik stellt die Tätigkeit von Herrn Krämer dar. Fraglich ist, ob die Raten noch gezahlt werden können, wenn Herr Krämer bei der Bundeswehr entlassen wird, bevor das Darlehen getilgt ist. Besonders schwierig ist die Situation, wenn Herr Krämer keine Vorstellung hat, wo er nach seiner Verpflichtungszeit arbeiten wird. **Problematik „Soldat auf Zeit"**

- Einholung einer SCHUFA Auskunft – Einwilligung einholen
- Prüfung der bisherigen Kontoführung
- Ermittlung der Rate und Kreditlaufzeit
- Vorvertragliche Informationen bei Verbraucherdarlehen bei natürlichen Personen mit den wesentlichen Inhalten (z.B. Darlehensart, Nettodarlehns- & Gesamtbetrag, Effektivzins)
- Kreditentscheidung
- Erklären Sie die Kreditmodalitäten (In diesem Fall möglicherweise Einrichtung eines Ratenkredites mit Monatszins und Bearbeitungsprovision. Die Zinsen werden dem Kreditbetrag zugeschlagen und erhöhen die Gesamtschuld; anschließend wird die Gesamtschuld in gleich bleibenden Raten getilgt.) **Raten- oder Konsumkredit**
- Besicherung hier relativ problematisch. Möglich wäre die Sicherungsübereignung der neuen Gegenstände. Allerdings gestaltet sich die Markierung der Gegenstände als schwierig. Sinnvoll ist

allerdings die Abtretung der Lebensversicherung von Herrn Krämer. Bei relativ schwacher Bonität könnten Sie auch versuchen noch eine Bürgschaft, beispielsweise von den Eltern, einzuholen.

- Versuchen Sie Frau Dollmann mit zu verpflichten.

Abtretung einer Lebensversicherung

- Erklären der Abtretung LV:

  o Vertrag zur Abtretung der Lebensversicherung (Zession)

  o Anzeige an die Versicherungsgesellschaft (offene Zession)

  o Im Todesfall von Herrn Krämer zahlt die Versicherungsgesellschaft an die Bank. Das über die Restschuld hinausgehende Guthaben wird dann an die Begünstigten ausgezahlt.

  o Einzug der Rückkaufswerte für den Fall, dass das Darlehen nicht zurückgezahlt wird.

Restkreditversicherung

- In einem Fall, in dem keine Lebensversicherung besteht, können Sie auch eine Restkreditversicherung abschließen.

  o Einmalige Zahlung einer Provision bei Kreditabschluss

  o Dadurch Erwerb einer Risikoversicherung über die Höhe der Restschuld

  o Im Todesfall zahlt die Versicherung die Restschuld an die Bank und das Darlehen ist getilgt.

Verkäuferisches Verhalten:

- Sprechen Sie Herrn Krämer persönlich mit seinem Namen an.
- Halten Sie Blickkontakt, nutzen Sie Gestik und Mimik.
- Fassen Sie am Ende der Informationsphase noch einmal die wichtigsten Kundenbedürfnisse zusammen.
- Verweisen Sie aus Zeitgründen lediglich auf die vorvertraglichen Informationen (weniger als 1 Minute)
- Bei der Ermittlung des Kreditbedarfes und des verfügbaren monatlichen Einkommens sollten Sie mit dem Kunden zusammen eine Berechnung aufstellen. Sprechen Sie unbedingt laut beim Rechnen.
- Erklären Sie die Abtretung der Lebensversicherung grafisch, damit Herr Krämer Ihnen besser folgen kann.
- Berechnen Sie die Rate und die Höhe des Kredites. Reden Sie unbedingt laut beim Rechnen!

Beispiel für einen Ratenkredit
(Monatszins: 0,45 %, 48 Monate Laufzeit):

Zu nennende Position:	Betrag (EUR):
Kreditbetrag:	13.000,00
Monatszins 0,45 % x 48 Monate	2.808,00
Bearbeitungsprovision 2 %:	260,00
Gesamtschuld:	**16.068,00**
Gesamtschuld / 48 Monate = **monatliche Rate:**	**334,75**

- Ratenkredite mit Monatszinssatz sind sehr selten geworden. Stattdessen kann z.B. auch ein Annuitätendarlehen angeboten werden.

- Teilen Sie für den Fall einer positiven Kreditentscheidung Herrn Krämer mit, dass Sie ihm vertrauen und nicht an seiner Kreditwürdigkeit zweifeln.

- Sollte es zu einem „Negativverkauf" kommen, so zeigen Sie Herrn Krämer die Gründe und Lösungsmöglichkeiten auf.

- Geben Sie Herrn Krämer in jedem Fall alle gefertigten Aufzeichnungen und Nebenrechnungen mit, damit er auch mit Frau Dollmann darüber reden kann.

- Vereinbaren Sie einen weiteren Termin zur Unterzeichnung der Verträge, zu dem Sie auch Frau Dollmann herzlich einladen.

- Bringen Sie zum Ausdruck, dass Sie sich bereits darauf freuen, auch Frau Dollmann kennen zu lernen.

- Wünschen Sie Herrn Krämer einen schönen Tag und lassen Sie seine Freundin grüßen.

- Geben Sie Herrn Krämer Ihre Visitenkarte mit und bieten Sie an, bei allen weiteren Fragen gerne auch telefonisch zur Verfügung zu stehen.

Cross-Selling:

Hier ist unbedingt darauf zu achten, dass dem Kunden keine monatlichen Verpflichtungen verkauft werden, die die Rückzahlung des Darlehens gefährden. Freies, monatlich verfügbares Einkommen kann aber angelegt werden.

Vom Fall vorgegebenes Bedürfnis: Immobilie und Konsum

In Kreditfällen ist es schwierig noch ein weiteres Produkt aus dem gleichen Kundenbedürfnis abzuleiten.

Vernetzbares Bedürfnis I: Geldverkehr

Cross-Selling-Potenzial:

- Kreditkarte
- Onlinebanking
- Frau Dollmann als Kundin Ihres Hauses gewinnen

Vernetzbares Bedürfnis II: Vorsorgen und Absichern

Cross-Selling-Potenzial:

- Altersvorsorge
- Unfall- und Berufsunfähigkeitsversicherung
- Hausratversicherung

6.3   Einräumung eines Dispositionskredites

Situation:

Frau Hodapp ist erst vor kurzem in Ihre Gegend gezogen und Neukundin Ihrer Bank. Vor einigen Wochen hat Sie bei Ihnen ein Girokonto eröffnet.

Heute möchte Frau Hodapp einen kurzfristigen Kredit in Höhe von 10.000 EUR beantragen. Das Geld braucht Frau Hodapp, weil sie sich kurzfristig dazu entschieden hat, eine dreiwöchige Luxuskreuzfahrt zu einem „Spottpreis" zu machen. Es sind bereits zwei Gehaltseingänge auf dem Konto verbucht worden.

Führen Sie das Kundengespräch!

Beteiligte Personen:	
Person:	**Persönliche Angaben**
Silvia Hodapp	geschieden 51 Jahre kinderlos Beamtin, Gehalt: 1.600 EUR monatlich

Freistellungsauftrag: 500 EUR

Kontenübersicht Silvia Hodapp:			
Kontoart	**Saldo (€)**	**Zins (%)**	**Sonstiges**
Giro	H 200	H 0,00 % S 10,50 %	1 Kundenkarte Dispo: 3.000 EUR
Sparbrief (bei einer anderen Bank)	H 5.000	H 2,80 %	In wenigen Wochen fällig, wird dann auf das Girokonto Ihres Institutes übertragen.

Lösungsvorschläge:

Kundengespräch:

Kontaktphase:

- Begrüßen Sie Frau Hodapp freundlich.
- Fragen Sie Frau Hodapp, ob sie sich zwischenzeitlich eingelebt hat und bereits Kontakte knüpfen konnte.
- Überleitung: *„Was kann ich für Sie tun, Frau Hodapp?"*

Informationsphase:

- Einleitung: *„Um die Einzelheiten Ihres Anliegens klären zu können, benötige ich noch einige Informationen. Ich werde Ihnen daher ein paar Fragen stellen und mir Notizen dazu machen. Sind Sie damit einverstanden, Frau Hodapp?"*
- Wozu brauchen Sie den Kredit?
- Was soll die Reise genau kosten?
- Wie lange brauchen Sie das Geld?
- Wie haben Sie sich die Rückführung des Kredites vorgestellt?
- Wie viel möchten Sie monatlich zurückführen?
- Über welche Geldanlagen verfügen Sie?
- Wie hoch ist Ihr monatliches Nettogehalt?
- Welche zusätzlichen Geldeingänge kommen noch auf das Konto?
- Welche monatlichen Verpflichtungen haben Sie?
- Wie haben Sie sich das Bezahlen im Ausland vorgestellt?
- Möchten Sie auch monatlich noch Kapital ansparen?
- Welche Vorsorgemaßnahmen haben Sie für Ihr Alter getroffen?

Fachliche Ziele:

- Ermittlung des Kreditbedarfs
- Ermittlung der persönlichen und materiellen Kreditwürdigkeit
- Ermittlung des monatlich verfügbaren Einkommens, für den Fall, dass die Rückführung zum Teil aus dem Gehalt vereinbart werden soll. Faustformel für den Lebensunterhalt (folgen Sie hier der Richtlinie Ihres Institutes):
  - o Ca. 450 EUR für die erste Person im Haushalt
  - o Ca. 350 EUR für die zweite Person im Haushalt
  - o Ca. 250 EUR für jede weitere Person im Haushalt
- Einholung einer SCHUFA Auskunft – Einwilligung einholen
- Prüfung der bisherigen Kontoführung
- Vorvertragliche Informationen bei Verbraucherdarlehen bei natürlichen Personen mit den wesentlichen Inhalten (z.B. Darlehensart, Nettodarlehns- & Gesamtbetrag, Effektivzins)
- Frau Hodapp ist Beamtin ➲ Sicherheit des Arbeitsplatzes ist gewährleistet. **Sicherheit des Arbeitsplatzes bei Beamten**
- Kreditentscheidung
- Erklären Sie den Dispositionskredit (Kreditrahmen, über den Frau Hodapp nach Belieben verfügen kann. Quartalsmäßige oder monatliche, nachträgliche Abrechnung der Zinsen auf den Tag genau. Variabler Zinssatz.) **Dispositions- kredit**
- Verzicht auf Sicherheiten, da die Rückführung zu einem großen Teil durch den fälligen Sparbrief erfolgen wird

Verkäuferisches Verhalten:

- Sprechen Sie Frau Hodapp persönlich mit ihrem Namen an.
- Halten Sie Blickkontakt, nutzen Sie Gestik und Mimik.
- Fassen Sie am Ende der Informationsphase noch einmal die wichtigsten Kundenbedürfnisse zusammen.
- Verweisen Sie aus Zeitgründen lediglich auf die vorvertraglichen Informationen (weniger als 1 Minute)
- Bei der Ermittlung des Kreditbedarfes und des verfügbaren monatlichen Einkommens sollten Sie mit der Kundin zusammen eine Berechnung durchführen. Sprechen Sie unbedingt laut beim Rechnen.

- Sprechen Sie Frau Hodapp freundlich zu und bringen Sie zum Ausdruck, dass Sie aufgrund der persönlichen Kreditwürdigkeit keine Bedenken bezüglich der Finanzierung über das Girokonto haben.

- Sprechen Sie Frau Hodapp auf die Möglichkeiten der Auslandszahlungsmittel an. Da die Beratung in Sachen Dispositionskredit wenig aufwendig ist, sollten Sie Zusatzverkäufe direkt anstreben (z.B. Kreditkarte)

- Visualisieren Sie die Funktionen der Kreditkarte mit einem Prospekt aus Ihrer Mustermappe.

- Geben Sie der Kundin eine Aufstellung der Rufnummern zur Kartensperre mit.

- Wünschen Sie Frau Hodapp einen schönen Aufenthalt auf dem Kreuzfahrtschiff.

- Geben Sie Frau Hodapp Ihre Visitenkarte und eventuelle Prospekte zur Kreditkarte mit.

Cross-Selling:

Vom Fall vorgegebenes Bedürfnis: Immobilie und Konsum

In Kreditfällen ist es schwierig noch ein weiteres Produkt aus dem gleichen Kundenbedürfnis abzuleiten.

Vernetzbares Bedürfnis I: Geldverkehr

Cross-Selling-Potenzial:

- Kreditkarte
- Reiseschecks
- Übertrag von Geldanlagen anderer Banken

Vernetzbares Bedürfnis II: Vorsorgen und Absichern

Cross-Selling-Potenzial:

- Altersvorsorge

6.4   Wertpapierkredit

Situation:

Ihre langjährige und erfahrene Wertpapierkundin Hannelore Sichel geht für die kommenden Monate von steigenden Kursen aus. Sie bedauert sehr, dass Sie zurzeit keine flüssigen Mittel hat, um bei den noch günstigen Aktienkursen einzusteigen.

Im Übrigen wäre Frau Sichel glücklich, auch in Zukunft eine Art Liquiditätsreserve für den Fall besonderer Schnäppchen oder Valutaüberschneidungen zu haben. Liquidität von ca. 20.000 EUR schwebt ihr vor.

Beteiligte Personen:

Person:	Persönliche Angaben
Hannelore Sichel	verwitwet 45 Jahre kinderlos Finanzangestellte, Gehalt: 1.400 EUR monatlich

Freistellungsauftrag: 800 EUR

Kontenübersicht Hannelore Sichel:

Kontoart	Saldo (€)	Zins (%)	Sonstiges
Giro	S 500	H 0,00 % S 9,50 %	1 Kundenkarte Dispo: 3.000 EUR
Geldmarktkonto	H 100	H 0,50 %	
Sparbuch	H 700	H 0,25 %	3 Mon. Kündigungsfrist
Wertpapierdepot	H 80.000	200 BASF Aktien (Kurs: 71,00, Dividende: 2,90) 200 Volkswagen Aktien (Kurs: 120,00, Dividende: 0,17) 100 Siemens Aktien (Kurs: 93,19, Dividende: 3,50) 500 SAP AG Aktien (Kurs: 70,12, Dividende: 1,15)	

Lösungsvorschläge:

Kundengespräch:

Kontaktphase:

- Begrüßen Sie Frau Sichel freundlich.
- Fragen Sie nach der Entwicklung der Aktientitel von Frau Sichel.
- Überleitung: *„Was kann ich für Sie tun, Frau Sichel?"*

Informationsphase:

- Einleitung: *„Ich bin sicher, wir werden gemeinsam eine Lösung für Ihre Liquiditätswünsche finden, Frau Sichel. Um Ihnen ein maßgeschneidertes Angebot unterbreiten zu können, benötige ich noch einige Informationen. Ich werde Ihnen daher ein paar Fragen stellen und mir Notizen dazu machen. In Ordnung, Frau Sichel?"*
- Wie hoch soll der Liquiditätsrahmen sein?
- Wann brauchen Sie das Geld?
- In welche Papiere möchten Sie investieren?
- Wie lange ist die Anlage in den verschiedenen Papieren geplant?
- Wie haben Sie sich die Besicherung des Kredites vorgestellt?
- Wie möchten Sie die Kreditinanspruchnahme wieder zurückführen?
- Auf welchem Konto soll das zusätzliche Limit eingeräumt werden?
- Wie viel verdienen Sie (Belege)?
- Welche weiteren Einkünfte haben Sie (Belege)?
- Wie lange läuft Ihr Arbeitsvertrag?
- Welche feststehenden monatlichen Verpflichtungen haben Sie? (Denken Sie an Darlehen, Versicherungen, Bausparen, Sparleistungen, Mieten, Vereinsbeiträge, Parteibeiträge, Unterhaltszahlungen und Telefon)
- Welche sonstigen Ausgaben haben Sie noch? (Denken Sie z.B. an den Lebensunterhalt, Unterhalt des Autos)
- Möchten Sie auch monatlich noch Kapital sparen?
- Haben Sie einen PC mit Internetzugang?

Fachliche Ziele:

- Ermittlung des Kreditbedarfs
- Ermittlung der persönlichen und materiellen Kreditwürdigkeit
- Ermittlung des monatlich verfügbaren Einkommens; Faustformel für den Lebensunterhalt (folgen Sie hier der Richtlinie Ihres Institutes):
    - o Ca. 450 EUR für die erste Person im Haushalt
    - o Ca. 350 EUR für die zweite Person im Haushalt
    - o Ca. 250 EUR für jede weitere Person im Haushalt
- Einholung einer SCHUFA Auskunft – Einwilligung einholen
- Prüfung der bisherigen Kontoführung
- Vorvertragliche Informationen bei Verbraucherdarlehen bei natürlichen Personen mit den wesentlichen Inhalten (z.B. Darlehensart, Nettodarlehns- & Gesamtbetrag, Effektivzins)
- Kreditentscheidung
- Erklären Sie die Kreditmodalitäten (In diesem Fall bietet sich ein Wertpapierkredit an. Dieser wird in der Regel auf einem Konto als Kontokorrentlimit eingerichtet. Möglich wäre demnach eine Einrichtung des Limits auf dem Giro- oder Geldmarktkonto [je nach KI]. Die Zinsen werden in der Regel vierteljährlich nachträglich verrechnet und die Abdeckung der Inanspruchnahme erfolgt durch den Verkauf der Wertpapiere.)   **Wertpapierkredit**
- Erklären Sie die Besicherung (In diesem Fall wird wohl das Wertpapierdepot als Sicherheit verpfändet [falls Ihre Bank wegen schlechter Erfahrungen mit starken Kursverlusten in der Vergangenheit überhaupt noch Verpfändungen von Wertpapierdepots vornimmt]. Das bedeutet, dass die Gegenwerte im Depot zur Befriedigung der Bank im Verzugsfalle dienen. Erklären Sie auch kurz den Ablauf und das Wesen einer Verpfändung.)   **Verpfändung**
- Prüfung der Werte im Depot auf Werthaltigkeit, Beständigkeit und Risikostreuung
- Hinweis, dass die Aktienerträge zur Zins- und Tilgungsleistung ausreichen sollten
- Möglicherweise noch eine Wertpapierberatung und damit verbundenes Beratungsprotokoll bzw. Wertpapierbogen
- Erste Transaktionen ausführen

Verkäuferisches Verhalten:

- Sprechen Sie Frau Sichel persönlich mit ihrem Namen an.
- Halten Sie Blickkontakt, nutzen Sie Gestik und Mimik.
- Fassen Sie am Ende der Informationsphase noch einmal die wichtigsten Kundenbedürfnisse zusammen.
- Verweisen Sie aus Zeitgründen lediglich auf die vorvertraglichen Informationen (weniger als 1 Minute)
- Erklären Sie die Verpfändung des Wertpapierdepots möglichst auch grafisch, damit Frau Sichel Ihnen besser folgen kann.
- Teilen Sie für den Fall einer positiven Kreditentscheidung Frau Sichel mit, dass Sie ihr vertrauen und nicht an ihrer Kreditwürdigkeit zweifeln.
- Sollte es zu einem „Negativverkauf" kommen, so zeigen Sie Frau Sichel die Gründe und Lösungsmöglichkeiten auf.
- Geben Sie Frau Sichel in jedem Fall alle Aufzeichnungen und Nebenrechnungen mit.
- Wünschen Sie Frau Sichel viel Erfolg bei Ihren Spekulationen und geben Sie ihr Ihre Visitenkarte mit.

Cross-Selling:

Vom Fall vorgegebenes Bedürfnis: Immobilie und Konsum

In Kreditfällen ist es schwierig noch ein weiteres Produkt aus dem gleichen Kundenbedürfnis abzuleiten.

Vernetzbares Bedürfnis I: Geldverkehr

Cross-Selling-Potenzial:

- Kreditkarte
- Onlinebanking
- Online-Brokerage

Vernetzbares Bedürfnis II: Vorsorgen und Absichern

Cross-Selling-Potenzial:

- Altersvorsorge

6.5 Informationsgespräch zum Wohnungskauf

Situation:

Das Ehepaar Messinger beabsichtigt, eine Eigentumswohnung über einen Makler zu kaufen. Der Kaufpreis soll 130.000 EUR betragen. Die Etagenwohnung hat 70 m^2 Wohnfläche und wurde 2001 fertig gestellt. Die Eheleute Messinger haben schon längere Zeit über den Erwerb einer Eigentumswohnung gesprochen und auch begonnen, Kapital zu diesem Zweck zu sparen.

Heute möchte sich das Ehepaar bei Ihnen erkundigen, was eine Kreditfinanzierung kostet und was dabei zu beachten ist.

Beraten Sie die Kunden.

Beteiligte Personen:	
Person:	**Persönliche Angaben**
Erich Messinger	verheiratet 28 Jahre Kfz-Mechaniker, Gehalt: 1.800 EUR monatlich
Carolin Messinger	Ehefrau von Erich Messinger 26 Jahre kfm. Angestellte, Gehalt: 1.300 EUR monatlich

Freistellungsauftrag: 1.400 EUR

Kontenübersicht Eheleute Messinger:			
Kontoart	**Saldo (€)**	**Zins (%)**	**Sonstiges**
Giro	H 1.200	H 0,00 % S 10,50 %	2 Kundenkarten Dispo: 3.000 EUR
Sparbuch	H 11.000	H 0,30 %	3 Mon. Kündigungsfrist
Geldmarktkonto	H 16.000	H 0,30 %	
Bausparvertrag	H 10.000	H 1,50 %	Bausparsumme: 25.000 EUR, ist zuteilungsreif, 6 Promille Rückzahlung in der Darlehensphase

Lösungsvorschläge:

Kundengespräch:

Kontaktphase:

- Begrüßen Sie die Eheleute Messinger freundlich.
- Smalltalk über Themen wie Parkplatz, dichter Verkehr, Wetter. Evtl. Kaffee oder Tee anbieten.
- Überleitung: *„Was kann ich für Sie tun?"*

Informationsphase:

- Einleitung*: „Das ist aber mal eine gute Nachricht, dann haben Sie ja endlich gefunden, wonach Sie so lange gesucht haben. Um Ihnen ein passendes Angebot unterbreiten zu können, benötige ich noch einige Informationen. Ich werde Ihnen daher ein paar Fragen stellen und mir Notizen dazu machen. Sind Sie damit einverstanden?"*
- Wie hoch ist der genaue Kaufpreis?
- Welche Kosten kommen noch auf Sie zu?
- Welche konkreten Vorstellungen haben Sie bezüglich ihrer Finanzierung?
- Wo liegt das Objekt und wie ist die Ausstattung?
- Welche Eigenmittel möchten Sie zu Finanzierung einsetzen?
- Wie viel möchten Sie monatlich zurückzahlen?
- Wie viel verdienen Sie (Belege)?
- Welche weiteren Einkünfte haben Sie (Belege)?
- Wie lange laufen Ihre Arbeitsverträge?
- Welche feststehenden monatlichen Verpflichtungen haben Sie? (Denken Sie an Darlehen, Versicherungen, Bausparen, Sparleistungen, Mieten, Vereinsbeiträge, Parteibeiträge, Unterhaltszahlungen und Telefon.)
- Welche sonstigen Ausgaben haben Sie noch? (Denken Sie z.B. an den Lebensunterhalt, Unterhalt des Autos)
- Wie sieht Ihre Familienplanung in Bezug auf Kinder aus?
- Wie haben Sie sich die Besicherung des Kredites vorgestellt?
- Wie lange soll die Laufzeit des Kredites sein?

Fachliche Ziele:

- Ermittlung des Kreditbedarfs, des monatlich verfügbaren Einkommens sowie der Kreditwürdigkeit; Faustformel für den Lebensunterhalt (folgen Sie hier der Richtlinie Ihres Institutes):

  o Ca. 450 EUR für die erste Person im Haushalt

  o Ca. 350 EUR für die zweite Person im Haushalt

  o Ca. 250 EUR für jede weitere Person im Haushalt

- Einholung einer SCHUFA Auskunft – Einwilligung einholen

- Prüfung der bisherigen Kontoführung

- Ermittlung der monatlichen Rate nach den Auskünften aus der Informationsphase

- Erklären Sie, wie die Valutierung des Darlehens vorgenommen wird (eine Kopie des notariellen Kaufvertrages wird bei der Bank eingereicht. Die Zahlung des Kaufpreises zum vereinbarten Termin übernimmt die Bank) **Valutierung bei Kaufpreiszahlung**

- Erklärung der Besicherung (Grundschulden): Bei Finanzierung von Wohneigentum in der Regel Grundschulden. Eintragung einer Grundschuld im Grundbuch an erster Stelle für die Kredit gebende Bank i.H.d. Darlehensverpflichtung. An zweiter Stelle wird eine Grundschuld für die Bausparkasse i.H.d. Bauspardarlehens eingetragen. Grundbuch wird beim Amtsgericht geführt. **Grundschulden**

- Günstiger Prüfung des Bausparvertrags:

  Bei älteren Verträgen liegt der Darlehenszins mitunter höher als der derzeitige Marktzins. Je nachdem ergeben sich unterschiedeliche Möglichkeiten:

  o Bauspar-Darlehens-Zins unterhalb des Marktzinses:

    z.B. Nutzung des günstigen Bauspardarlehens und Aufnahme des Bauspardarlehens

  o Bauspar-Darlehens-Zins oberhalb des Marktzinses:

    z.B. Verwendung der Eigenmittel aus dem Vertrag in der Finanzierung und Verzicht auf das Bauspardarlehen

  o Bauspar-Guthaben-Zins oberhalb des Marktzinses:

    z.B. Bausparguthaben verzinst auf dem Vertrag belassen und bei der Hausbank finanzieren (Steuerbelastung zu Prüfen)

- Erklärung Kaufvertrag für die Wohnung (notarieller Kaufvertrag; die Änderung des Eigentums wird ins Grundbuch eingetragen.)

Vorvertragliche   ▪ Erklären Sie, welche Unterlagen vorvertraglich für eine Darle-
Information   hensgewährung notwendig sind und wo die Kunden die Unter-
                           lagen erhalten. Erst auf Basis der Unterlagen kann die endgül-
                           tige Kreditentscheidung getroffen werden.

                         ▪ Weisen Sie auf das niedrige Zinsniveau und die Absiche-
                            rungsmöglichkeiten hin. Bei geringer Tilgung kann nach 10
                            Jahren bei geändertem Zinsniveau leicht die doppelte Monats-
                            rate fällig werden und die Kapitaldienstfähigkeit gefährden. Ab-
                            sicherungsmöglichkeiten:

                            o höheren Tilgung z.B. 4 % bis 5 % (Standard i.d.R. 2 %)

                            o Zinsfestschreibung z.B. 15 oder 20 Jahre (Standard
                               i.d.R. 10 Jahre)

                            o Zusätzlicher Abschluss eines neuen Bausparvertrages
                               mit Zuteilung nach Ablauf der Zinsfestschreibung

Verkäuferisches Verhalten:

▪ Sprechen Sie die Eheleute Messinger persönlich mit ihrem
   Namen an.

▪ Halten Sie Blickkontakt, nutzen Sie Gestik und Mimik.

▪ Fassen Sie am Ende der Informationsphase noch einmal die
   wichtigsten Kundenbedürfnisse zusammen.

▪ Bei der Ermittlung des Kreditbedarfes und des verfügbaren
   monatlichen Einkommens sollten Sie mit den Kunden zusammen eine Berechnung aufstellen. Sprechen Sie unbedingt laut
   beim Rechnen.

Berechnung des Kreditbedarfs (Beispiel):

Beispielberechnung des Kreditbedarfs

Zu nennende Position	Zu nennender Betrag in EUR
Kaufpreis der Wohnung	+ 130.000
Maklercourtage (je nachdem zwischen 3,0 % und 7,0 % + MwSt.; hier 5,95 %):	+ 7.735
Grunderwerbsteuer (je nach Bundesland Land 3,5 % bis 6,5 %; hier 5,0 %):	+ 6.500
Notar + Grundbuch (ca. 1 % + ca. 0,5 %):	+ 1.500
Finanzierungsbedarf:	**145.735**
Eigenmittel Sparbuch:	- 10.000
Eigenmittel Geldmarktkonto:	- 12.000
Bausparen (Guthaben + Bauspardarlehen):	- 25.000
Kreditbedarf bei Ihrem Institut:	**98.735**

Berechnung des verfügbaren monatlichen Einkommens (Beispiel):

Berechnung des verfügbaren monatlichen Einkommens

Zu nennende Position	Zu nennender Betrag in EUR
Mtl. Nettoeinkommen Herr Messinger:	+ 1.800,00
Mtl. Nettoeinkommen Frau Messinger:	+ 1.300,00
Lebensversicherungen:	-150,00
Unfallversicherung:	- 30,00
Telefon / Handy:	- 100,00
Auto:	- 200,00
Lebensunterhalt:	- 800,00
Verfügbares monatliches Einkommen:	**1.820,00**

Berechnung der
monatlichen
Belastung

Berechnung der monatlichen Belastung (Beispiel: in etwa fünf Jahren sind Kinder geplant und Frau Messinger wird die Arbeit dann zumindest teilweise aufgeben. Monatliche Rate für die ersten fünf Jahre soll ca. 1.100 EUR betragen.):

Darlehen:	Rechenweg:	Mtl. Rate (EUR)
Darlehen 1: (10 Jahre fest, 1,50 % Zinsen, 4 % Tilgung):	$\frac{58.735 \text{ EUR} \times 5,50\ \%}{12 \text{ Monate}}$	269,20
Darlehen 2: (5 Jahre fest, 1,00 % Zinsen, 19 % Tilgung):	$\frac{40.000 \text{ EUR} \times 20\ \%}{12 \text{ Monate}}$	666,67
Bauspardarlehen (mtl. Rate 6 Promille der Bausparsumme):	$\frac{25.000 \text{ EUR} \times 6}{1000}$	150,00
Gesamtbelastung (mtl.):		**1.085,87**

- Wenn Sie zu dem Schluss kommen, dass der Kredit genehmigt wird, dann lassen Sie das Ihre Kunden auch wissen. Bringen Sie zum Ausdruck, dass Sie bei der Finanzierung keine Probleme sehen.

- Zeigen Sie, dass die Messingers auf nichts verzichten brauchen, weil noch genügend freie Mittel zur Verfügung stehen. Sie können über die Darlehensrate hinaus noch Rücklagen bilden, gemütlich Essen gehen und reisen.

- Erstellen Sie ebenfalls eine übersichtliche Tabelle, wo die Eheleute Messinger welche Unterlagen anfordern können.

- Bieten Sie an, auch den Versicherungsbedarf für die Familie Messinger zu prüfen.

- Weisen Sie auch auf die „attraktiven" öffentlichen Zuschüsse bzw. Fördermöglichkeiten bei energieeffizienten Vorhaben bzw. Wohn-Riester hin. Hierzu kann es ggf. Sinn machen einen zusätzlichen Beratungstermin zu vereinbaren.

- Drücken Sie aus, dass Sie sich freuen würden, wenn die Finanzierung bei Ihrem Institut vorgenommen würde.

- Bieten Sie an, jederzeit auch telefonisch für Rückfragen zur Verfügung zu stehen.

- Geben Sie den Messingers alle Aufzeichnungen mit und wünschen Sie ihnen viel Erfolg bei den Verhandlungen mit dem Makler.

- Verabschieden Sie sich freundlich und geben Sie den beiden Ihre Visitenkarte mit.

Cross-Selling:

Vom Fall vorgegebenes Bedürfnis: Immobilie und Konsum

In Kreditfällen ist es schwierig noch ein weiteres Produkt aus dem gleichen Kundenbedürfnis abzuleiten.

Vernetzbares Bedürfnis I: Geldverkehr

Cross-Selling-Potenzial:

- Kreditkarte
- Onlinebanking
- Online-Brokerage

Vernetzbares Bedürfnis II: Vorsorgen und Absichern

Cross-Selling-Potenzial:

- Altersvorsorge
- Berufsunfähigkeits- und Unfallversicherung
- Ggf. Risikolebensversicherung(en)

Vernetzbares Bedürfnis III: Steuern und staatl. Förderung

Cross-Selling-Potenzial:

- Neuer Bausparvertrag als „Lebensversicherung für die neue Wohnung"

Vernetzbares Bedürfnis IV: Sparen und Anlegen

Cross-Selling-Potenzial:

Bei den Eheleuten bleibt nach der beispielhaften Haushaltsrechnung noch genügend finanzieller Spielraum.

- Monatliches Sparen

6.6   Finanzierung eines Neubaus

Situation:

Bisher haben die Eheleute Müller bei den Eltern von Frau Müller gewohnt. Jetzt, da klar ist, dass die Müllers noch ein drittes Kind bekommen werden, wird die alte Wohnung zu klein.

Ein Vorgespräch mit den Eheleuten Müller hat bereits stattgefunden. Nun nimmt das Vorhaben allmählich Konturen an und eine Finanzierung durch Ihr Institut wird gewünscht. Die Eheleute Müller haben Ihnen für den heutigen Termin bereits alle notwendigen Unterlagen mitgebracht. Die Aufzeichnungen aus dem Vorgespräch finden Sie auf der nächsten Seite.

Führen Sie das Kundengespräch!

Beteiligte Personen:	
Person:	**Persönliche Angaben**
Karl Müller	verheiratet 35 Jahre Elektroingenieur, Gehalt: 2.900 EUR monatlich
Sybille Müller	Ehefrau von Karl Müller 29 Jahre Aushilfe bei einem Anwalt, Gehalt: 325 EUR

Freistellungsauftrag: 1.300 EUR

Kontenübersicht Eheleute Müller:			
Kontoart	**Saldo (€)**	**Zins (%)**	**Sonstiges**
Giro	H 200	H 0,00 % S 10,50 %	2 Kundenkarten, 1 Kreditkarte Dispo: 5.000 EUR
Sparbuch	H 2.000	H 0,25 %	3 Mon. Kündigungsfrist
Geldmarktkonto	H 30.000	H 0,30 %	
Bausparvertrag	H 15.000	H 0,50 %	Bausparsumme: 50.000 EUR, zuteilungsreif in zwei Jahren
Fondsdepot	H 20.000	243,19 Rentofondo Rentenfonds (Kurs: 41,12 EUR)	

Aufzeichnungen aus dem Vorgespräch:

- Kostenvoranschlag des Architekten: 200.000 EUR
- Grundstück hat Herr Müller vor einigen Jahren geerbt
- Zwischen- bzw. Vorfinanzierung des Bausparvertrages
- Eigenmittel: 20.000 EUR Rentenfonds

                   30.000 EUR vom Geldmarktkonto

Unterlagen, die zum heutigen Termin vorgelegt werden:

- Die letzten drei Gehaltszettel von Herrn Müller
- Flurkarte
- Grundbuchauszug

Grundbuchauszug

Bestandsverzeichnis:

Nr.	Gemarkung	Wirtschaftsart und Lage	Größe
2	Irgendwo, Flur 17, Flurstück 12 / 6	Gebäude und Freifläche, Bauplatz, Nebengasse 17	850 m²

Erste Abteilung:

Nr.	Eigentümer:	Lfd. Nr. des Grundstücks	Grund der Eintragung
2	a) Karl Müller b) Sybille Müller zu je ½ Anteil	2	Auf Grund des Erbscheins vom 23. Februar 2004, eingetragen am 13. Dezember 2004

Zweite Abteilung:

Nr.	Lfd. Nr. des Grundstücks	Lasten und Beschränkungen

Dritte Abteilung:

Nr.	Lfd. Nr. des Grundstücks	Betrag	Hypotheken, Grundschulden, Rentenschulden

Lösungsvorschläge:

Kundengespräch:

Kontaktphase:

- Begrüßen Sie die Eheleute Müller freundlich.
- Fragen Sie nach den Neuigkeiten in Sachen Bau.
- Überleitung: *„Was kann ich für Sie tun?"*

Informationsphase:

- Einleitung*: „Es freut mich, dass Ihr Projekt sich derart positiv entwickelt. Um Ihnen ein maßgeschneidertes Angebot unterbreiten zu können, benötige ich noch einige Informationen. Ich werde Ihnen daher ein paar Fragen stellen und mir Notizen dazu machen. In Ordnung?"*
- Haben sich beim Kostenvoranschlag des Architekten Änderungen ergeben? (nennen Sie den alten Preis)
- Hat sich beim Einsatz der Eigenmittel noch etwas verändert? (nennen Sie noch einmal die Summen)
- Soll der Bausparvertrag eingebracht und zwischenfinanziert werden? (nennen Sie auch hier die Summe)
- Welche Änderungen haben sich bei Ihren Gehältern oder monatlichen Ausgaben ergeben? (nennen Sie hier die Ein- und Ausgänge noch einmal)
- Welche sonstigen Änderungen haben sich seit unserem letzten Gespräch ergeben?

Fachliche Ziele:

- Erstellen Sie noch einmal die Aufstellung des Finanzierungsbedarfes. Arbeiten Sie die Änderungen ein.

Kindergeld
- Nochmalige Erstellung der monatlich verfügbaren Mittel. Denken Sie auch an das Kindergeld (Achtung: es kann auch ein Kinderfreibetrag auf der Lohnsteuerkarte eingetragen sein):
    - o   Erstes und zweites Kind: 190 EUR pro Monat
    - o   Dritte Kind: 196 EUR pro Monat
    - o   Jedes weitere Kind: 221 EUR pro Monat
- Errechnen der monatlichen Raten für die beiden Darlehen

- Kreditentscheidung treffen

- Erklären Sie das Annuitätendarlehen: **Annuitäten-**
                                                                          darlehen
  Darlehen mit einem festen Zins für eine feste Laufzeit. Die Ra-
  ten bleiben über die gesamte Zinsfestschreibung konstant. Dabei steigt der Tilgungsanteil sukzessive, während der Zinsanteil
  sinkt. Nach dem Ende der Zinsfestschreibung wird eine An-
  schlussfinanzierung abgeschlossen.

- Erklären Sie die Zwischen- bzw. Vorfinanzierung des Bauspar-   **Zwischen-**
  vertrages: **finanzierung**
                                                                      Bausparen
  Bis zur Bewilligung des Bauspardarlehens wird ein Festdarle-
  hen gewährt. Beim Festdarlehen werden nur Zinsen gezahlt
  und die Tilgung erfolgt durch die Zuteilung des Bausparvertrages in einer Summe. Beachten Sie auch die individuellen Regelungen Ihres Kreditinstitutes. Zur Prüfung der günstigeren
  Variante zur Finanzierung bei Bausparverträgen vgl. auch Fall
  6.5.

- Erklären Sie die Grundschuld: Dingliche, abstrakte Sicherheit,   **Grundschuld**
  die die Bank an Haus und Grundstück hat. Wird der Kredit nicht
  zurückgezahlt, so kann die Bank eine Zwangsvollstreckung ➲
  Zwangsversteigerung vornehmen und die Restschuld bis zur
  Höhe der eingetragenen Grundschuld abdecken. Erlöse, die
  über die Grundschuldhöhe bzw. Kredithöhe hinausgehen, werden an den Schuldner zurückgezahlt.

- Eintragung der Grundschuld in Höhe des Kreditbetrages an   **Rangbe-**
  erster Rangstelle. Zu Gunsten der Bausparkasse wird nach In-   **scheinigung**
  anspruchnahme des Bauspardarlehens eine Grundschuld an
  zweiter Rangstelle eingetragen. Die Eintragung, bzw. eine entsprechende Rangbescheinigung des Notars muss in der Regel
  vorliegen, da sonst keine Auszahlung des Geldes erfolgt.

- Erklären Sie die Valutierung des Darlehens: **Valutierung**

  Das Darlehen wird in mehreren Teilen ausgezahlt. Dabei werden Rechnungen vorgelegt, die vom Girokonto abgebucht werden. Sobald ein gewisser Betrag auf dem Girokonto erreicht
  wird, erfolgt eine Umbuchung vom Darlehen auf das Girokonto.
  Die ersten Investitionen sollten die Müllers mit Eigenmitteln bezahlen ➲ Zinsersparnis.

- Eventuell Eröffnung eines speziellen Baukontos, falls Ihr Kredit-   **Baukonto**
  institut ein solches anbietet.

- Öffentliche Förderung bzw. Zuschüsse bei energieeffizienten
  Vorhaben bzw. Wohn-Riester. Legen Sie sich hier ein bis zwei
  mögliche Programme beispielsweise der KfW oder der lokalen
  Förderbank im Vorfeld der Prüfung parat.

- Weisen Sie auf das niedrige Zinsniveau und die Absiche-
  rungsmöglichkeiten hin. Bei geringer Tilgung kann nach 10
  Jahren bei geändertem Zinsniveau leicht die doppelte Monats-
  rate fällig werden und die Kapitaldienstfähigkeit gefährden (vgl.
  Fall 6.5)

Verkäuferisches Verhalten:

- Sprechen Sie die Eheleute Müller persönlich mit ihrem Namen
  an.
- Halten Sie Blickkontakt, nutzen Sie Gestik und Mimik.
- Fassen Sie am Ende der Informationsphase noch einmal die
  wichtigsten Kundenbedürfnisse zusammen.
- Bei der Ermittlung des Kreditbedarfes und des verfügbaren
  monatlichen Einkommens sollten Sie mit den Kunden zusammen eine Berechnung erstellen. Sprechen Sie unbedingt laut
  beim Rechnen. (Die Berechnung erfolgt nach dem Schema,
  wie im Fall 6.5 beschrieben.)
- Erstellen Sie eine Grafik für das Annuitätendarlehen zur Verdeutlichung des Begriffs „ersparte Zinsen".
- Fertigen Sie auch ein Rechenbeispiel dazu an.

Beispiel für ein Annuitäten- darlehen

Beispiel für ein Annuitätendarlehen (10.000 EUR, 2 % Zinsen):

Jahr:	Betrag (EUR):	Zins (EUR):	Tilgung (EUR):	Jährl. Rate (EUR)	Mtl. Rate (EUR)
1.	10.000	200	1.000	1.200	100,00
2.	9.000	180	1.020	1.200	100.00
3.	7.980	159,60	1.040,40	1.200	100,00
4.	...		...	...	...

- Fertigen Sie auch ein Rechenbeispiel zum Festdarlehen an.

Beispiel für ein Festdarlehen (10.000 EUR, 2 % Zinsen):

Jahr:	Betrag (EUR):	Zins (EUR):	Tilgung (EUR):	Jährl. Rate (EUR)	Mtl. Rate (EUR)
1.	10.000	200	0	200	16,67
2.	10.000	200	0	200	16,67
3.	10.000	200	10.000	200	16,67
4.	0	0	0	0	0

- Benutzen Sie den Grundbuchauszug für die Erklärung der Grundschuld.

- Fertigen Sie den Eheleuten Müller eine Übersicht an, welche weiteren Aktivitäten noch anstehen und an wen sie sich wenden müssen.

  Grundschuldbestellung ➲ Notar
  Grundschuldeintragung ➲ Grundbuchamt (wird vom Notar veranlasst)

- Geben Sie Ihren Kunden alle Aufzeichnungen und Nebenrechnungen mit.

- Falls Sie in Ihrem Institut einen speziellen Service oder ein Geschenk für Bauherren haben, sollten Sie unbedingt darauf hinweisen. Denkbar ist zum Beispiel ein kostenloser Bauherrenordner, in dem alle Unterlagen abgeheftet werden können.

- Geben Sie den Eheleuten Müller ein kleines Geschenk für die Kinder und Ihre Visitenkarte mit.

- Wünschen Sie den beiden viel Erfolg bei der weiteren Planung und bringen Sie zum Ausdruck, dass Sie sich bereits auf das nächste Gespräch freuen.

Cross-Selling:

Vom Fall vorgegebenes Bedürfnis: Immobilie und Konsum

In Kreditfällen ist es schwierig noch ein weiteres Produkt aus dem gleichen Kundenbedürfnis abzuleiten.

Vernetzbares Bedürfnis I: Geldverkehr

Cross-Selling-Potenzial:

- Kreditkarte Gold

Vernetzbares Bedürfnis II: Vorsorgen und Absichern

Cross-Selling-Potenzial:

- Bauherrenhaftpflichtversicherung
- Gebäude- und Feuerversicherung
- Ggf. Risikolebensversicherung(en)
- Absicherung der Kinder

Vernetzbares Bedürfnis III: Steuern und staatl. Förderung

Cross-Selling-Potenzial:

- Neuer Bausparvertrag (Lebensversicherung fürs Haus)

6.7   Informationsgespräch Firmenkredit

Situation:

Herr Schneider ist selbständiger Malermeister. Das Einzelunternehmen besteht bereits seit mehreren Jahren und läuft sehr gut. Bisher hat Herr Schneider alle Investitionen aus der eigenen Tasche bezahlt. Jetzt plant er eine Erweiterung des Geschäftes, die mit einem Kredit finanziert werden soll.

Herr Schneider plant einen Ausstellungsraum herzurichten, an dem sich seine Kunden Anregungen holen können. Die Investition schätzt er auf etwa 30.000 EUR. Da Herr Schneider bisher keine Erfahrung bezüglich einer Kreditfinanzierung für sein Geschäft hat, bittet er Sie um Auskunft.

Beteiligte Personen:

Person:	Persönliche Angaben
Wolfgang Schneider	verheiratet 39 Jahre 2 Kinder Selbständiger Malermeister

Freistellungsauftrag: 1.300 EUR

Kontenübersicht Wolfgang Schneider:

Kontoart	Saldo (€)	Zins (%)	Sonstiges
Giro (privat)	H 200	H 0,00 % S 10,50 %	2 Kundenkarten, 2 Kreditkarten Dispo: 5.000 EUR
Giro (Geschäft)	H 1.000	H 0,00 %	
Geldmarktkonto	H 7.000	H 0,30 %	
Bausparvertrag	H 7.000	H 1,50 %	Bausparsumme: 25.000 EUR, zuteilungsreif in drei Jahren
Lebens-versicherung	H 39.000	Seit 10 Jahren, mtl. Rate 300 EUR, Versicherungssumme 100.000 EUR	

Lösungsvorschläge:

Kundengespräch:

Kontaktphase:

- Begrüßen Sie Herrn Schneider freundlich.
- Reden Sie mit Herrn Schneider über seinen Malerbetrieb.
- Überleitung: *„Was kann ich für Sie tun, Herr Schneider?"*

Informationsphase:

- Einleitung: *„Um die Einzelheiten zu klären, benötige ich noch einige Informationen. Ich werde Ihnen daher ein paar Fragen stellen und mir Notizen dazu machen. Sind Sie damit einverstanden?"*
- Wie viel wird der Ausbau des Ausstellungsraumes kosten?
- Welche Mittel möchten Sie selbst einbringen?
- Welche Erfahrungen haben Sie bisher mit Kreditfinanzierungen?
- An welche Darlehensform haben Sie gedacht?
- Wie stellen Sie sich die Tilgung vor?
- Wie lange haben Sie sich die Laufzeit vorgestellt?
- Wie hoch soll (kann) die monatliche Rückzahlung sein?
- An welche Sicherheiten haben Sie gedacht?
- Wie hoch ist der Gewinn Ihres Geschäftes?
- Wie hoch ist Ihr zu versteuerndes Jahreseinkommen?
- Fertigen Sie für Ihr Unternehmen Bilanzen oder Jahresabschlüsse an?

Fachliche Ziele:

- Ermittlung des Finanzierungsbedarfs
- Erklären der entsprechenden Darlehensform

Bürgschaft bei Vollhafter
- Erklären Sie die Sicherheiten: z.B. freie Grundschulden, Abtretung der Lebensversicherung (Eine Bürgschaft von Herrn Schneider bringt keine Erhöhung der Sicherheit, da er als Inhaber einer Einzelfirma ohnehin persönlicher Vollhafter ist.)

- Grundsätzlich ist bei jeder Kreditvergabe die Bonität und Kapitaldienstfähigkeit zu prüfen. Bei gewerblichen Kunden wird dies über die Einreichung gewisser Unterlagen sichergestellt. Erklären Sie, welche Unterlagen erforderlich sind und berücksichtigen Sie hierbei auch Ihre hausinternen Regelungen:

  o Unternehmen mit einer Privatperson als Vollhafter oder einem Mehrheitsgesellschafter (z.B. GmbH-Anteil einer Person > 50 %) reichen folgende Unterlagen ein: **erforderliche Unterlagen nach § 18 KWG**

    - Jahresabschluss neueren Datums (Bilanz, G+V, Anlagenspiegel, ggf. BWA)

    - Vermögensaufstellung neueren Datums

    - Private Steuererklärung oder Steuerbescheid neueren Datums

  o Kapitalgesellschaften ohne Mehrheitsgesellschafter reichen folgende Unterlagen ein:

    - Jahresabschluss neueren Datums (Bilanz, G+V, Anlagenspiegel, ggf. BWA)

- Erklären Sie, dass die Einreichung der entsprechenden Unterlagen zur **Beurteilung der Bonität erforderlich ist**. Privatpersonen reichen bei einem Finanzierungswunsch ja auch Lohnzettel oder Einkommensteuerbescheide ein. Auch gibt es eine gesetzliche Vorschrift nach § 18 KWG. Beachten Sie auch die Regelungen Ihrer Bank, was die einzuholenden Unterlagen angeht.

- Problematik "Baseler Ausschuss" bzw. Rating: **Problematik Basel bzw. Rating**

  o Der „Basler Ausschuss" erlässt internationale Richtlinie für Kreditinstitute, die in nationales Recht umgesetzt werden. Diese Richtlinie macht die Eigenkapitalunterlegung der Banken für Kredite von der Bonität eines Kunden abhängig ➔ Rating.

  o Rating ist ein statistisches Verfahren, das versucht, Kunden nach bestimmten Kriterien in Risikoklassen (Bonitätsklassen) einzuteilen. Hierbei werden neben den Finanzkennzahlen (quantitatives Rating) in aller Regel auch qualitative Faktoren wie z.B. das Management zur Klassifizierung bewertet.

Verkäuferisches Verhalten:

- Sprechen Sie Herrn Schneider persönlich mit Namen an.
- Halten Sie Blickkontakt, nutzen Sie Gestik und Mimik.

- Fassen Sie am Ende der Informationsphase noch einmal die wichtigsten Kundenbedürfnisse zusammen.

- Bei der Ermittlung des Kreditbedarfes sollten Sie mit den Kunden zusammen eine Berechnung erstellen. Sprechen Sie unbedingt laut beim Rechnen.

- Erklären Sie auch hier die Form der Sicherheit bzw. des Darlehens an einem kleinen Beispiel grafisch oder rechnerisch.

- Fertigen Sie eine Aufstellung an, welche Unterlagen Herr Schneider noch vorbeibringen soll.

- Fragen Sie nach, wie lange es dauern wird, die Unterlagen zu beschaffen und vereinbaren Sie einen neuen Termin.

- Falls Sie über einen Prospekt zum Thema Rating verfügen sollten, so geben Sie Herrn Schneider diesen mit. Ebenso verfahren Sie mit allen Aufzeichnungen und Beispielrechnungen.

- Bringen Sie zum Ausdruck, dass Sie sich bereits auf das nächste Gespräch freuen.

- Verabschieden Sie Herrn Schneider freundlich und geben Sie ihm Ihre Visitenkarte mit.

Cross-Selling:

Vom Fall vorgegebenes Bedürfnis: Immobilie und Konsum

Cross-Selling-Potenzial:

- Kontokorrentkredit

Vernetzbares Bedürfnis I: Geldverkehr

Cross-Selling-Potenzial:

- Kreditkarte Gold

Vernetzbares Bedürfnis II: Vorsorgen und Absichern

Cross-Selling-Potenzial:

- Altersvorsorge und Berufsunfähigkeitsversicherung
- Sachversicherungen für den Ausstellungsraum

Vernetzbares Bedürfnis III: Steuern und staatl. Förderung

Cross-Selling-Potenzial:

- Betriebliche Altersvorsorge für die Mitarbeiter (hier gibt es in den Banken für gewöhnlich Spezialisten, eine Terminvereinbarung mit dem Spezialisten sollte in Ihrer Prüfung in der Regel genügen.)

6.8 Firmenkredit

Situation:

Herr Eifrig, Geschäftsführer und Gesellschafter der Eifrig GmbH, möchte die Geschäftsverbindung zu Ihrem Kreditinstitut ausbauen. Bisher unterhält die Firma nur einen Kontokorrentkredit in Höhe von 25.000 EUR bei Ihnen.

Jetzt ist die Finanzierung einer neuen Maschine für 50.000 EUR geplant, mit der wesentlich schneller produziert werden kann.

Die GmbH hat zwei Geschäftsführer, die jeweils die Hälfte des Stammkapitals halten. Beide Geschäftsführer vertreten die Gesellschaft gemäß Satzung alleine.

Als Information hat Herr Eifrig Ihnen den Jahresabschluss des vergangenen Geschäftsjahres mitgebracht. Beurteilen Sie die Bonität der GmbH und führen Sie die Kreditverhandlungen.

Beteiligte Personen:	
Juristische Person:	**Angaben zur GmbH:**
Eifrig GmbH	Stammkapital 50.000 EUR
	Gründung: 1996
	25 Mitarbeiter
	2 Gesellschafter mit je 50 % der Stammeinlage
	2 Alleinvertretungsberechtigte Geschäftsführer
	Branche: Produktion von Schrauben

Kontenübersicht der Eifrig GmbH:			
Kontoart	**Saldo (€)**	**Zins (%)**	**Sonstiges**
Giro	S 12.000	S 9,25 %	Kontostände zwischen H 70.000 EUR und S 80.000 EUR Kontokorrentkredit: 25.000 EUR

Jahresabschluss der
Eifrig GmbH
Zum 31. Dezember des Vorjahres

Bilanz
(Beträge in TEUR):

Bilanz

Aktiva		Passiva	
Grundstücke und Gebäude	300	Stammkapital	50
Technische Anlagen und BGA	300	Gewinnvortrag	280
Sachanlagevermögen	**600**	**Eigenkapital**	**330**
Vorräte:		Verbindlichkeiten Banken	
▪ Fertige Erzeugnisse	40	▪ Langfristig	280
▪ Roh-Hilfs- Betriebstoffe	25	▪ Kurzfristig	15
Forderungen aus Lieferung und Leistung	185	Verbindlichkeiten aus Lieferung und Leistung	155
Sonstige Forderungen	35	Sonst. Verbindlichkeiten	110
Liquide Mittel	10	**Fremdkapital**	**560**
Umlaufvermögen	**295**	Passive RAP	5
Summe Aktiva	**895**	**Summe Passiva**	**895**

Gewinn- und Verlustrechnung
(Beträge in TEUR):

Gewinn- und Verlust- rechnung

Position:	Vorjahr
Umsatzerlöse	+ 3.400
Materialaufwand	- 1.900
Personalaufwand	- 1.050
Sonstiger Betriebsaufwand inkl. Abschreibung (65)	- 150
Laufende Erträge	+ 20
Teilbetriebsergebnis	**+ 320**
Zinsaufwand	- 15
Zinsertrag	+ 1
Betriebsergebnis	**+ 306**
Neutraler Aufwand	-10
Neutraler Ertrag	+10
Geschäftsführergehalt	- 180
Jahresüberschuss	**+ 126**

Im Vergleich zum Vorjahr sind sowohl Umsatz als auch Ertrag um 5 % gestiegen. Die Gewinne wurden auf neue Rechnung vorgetragen.

Lösungsvorschläge:

Kundengespräch:

Kontaktphase:

- Begrüßen Sie Herrn Eifrig freundlich.
- Smalltalk über Wetter, Parkplatz oder dichten Verkehr
- Überleitung: *„Was kann ich für Sie tun, Herr Eifrig?"*

Informationsphase:

- Einleitung: *„Es freut mich, dass Sie mit Ihrem Anliegen zu mir gekommen sind. Um Ihnen ein optimales Angebot unterbreiten zu können, benötige ich noch einige Informationen. Ich werde Ihnen daher ein paar Fragen stellen und mir Notizen dazu machen. Einverstanden, Herr Eifrig?"*
- Wie viel wird die neue Produktionsmaschine kosten?
- Welche weiteren Kosten kommen beim Kauf noch auf Sie zu?
- Welchen Betrag möchten Sie davon finanzieren?
- Wann möchten Sie die Maschine anschaffen?
- Wie lange ist die Lieferzeit?
- Wo soll die Maschine aufgebaut werden?
- Welche Effekte versprechen Sie sich von der Anschaffung?
- Welche weiteren Investitionen haben Sie in Zukunft geplant?
- Wie ist die momentane Auftragslage der GmbH?
- Haben Sie bereits konkrete Aufträge, die mit Hilfe der neuen Maschine abgewickelt werden sollen?
- An welche Darlehensform haben Sie gedacht?
- Wie stellen Sie sich die Tilgung des Darlehens vor?
- Wie lange haben Sie sich die Laufzeit vorgestellt?
- Wie hoch soll (kann) die monatliche Rückzahlung sein?
- An welche Sicherheiten haben Sie gedacht?
- Werden Sie nach Anschaffung der Maschine einen höheren Versicherungsbedarf haben?
- Was halten Sie von einer Erhöhung der momentanen Kreditlinie auf dem Kontokorrentkonto?
- Was würden Sie davon halten, Ihre Produkte auch ins Ausland zu verkaufen?

Fachliche Ziele:

- Ermitteln Sie den Finanzierungsbedarf.
- Erklären Sie das aus der Informationsphase in Frage kommende Darlehen.
- Erklären Sie die aus der Informationsphase in Frage kommende Sicherheit (z.B. freie Grundschulden, Sicherungsübereignung der neuen Maschine, Bürgschaft von Herrn Eifrig oder des anderen Geschäftsführers). Bei zweifelsfreier Bonität der GmbH kann auch auf Sicherheiten verzichtet werden.
- Stellen Sie fest, ob die vorgelegten Unterlagen ausreichen, um einen Kredit zu gewähren (Erfüllung § 18 KWG/ vgl. Fall 6.7). Beachten Sie auch die Regelungen Ihres Kreditinstitutes, was die Einholung von Unterlagen angeht (evtl. Vorlage von Unterlagen für die letzten 3 Jahre; z.B. auch aktuelle BWA).

Beurteilung der Bonität einer GmbH

Bilanzanalyse

- Beurteilen Sie die Bonität der GmbH:
    - o Ist genügend Eigenkapital vorhanden?

        In diesem Fall ist eine solide Eigenkapitaldecke von 330 TEUR vorhanden. Das entspricht ca. 37 % der Bilanzsumme.

    - o Ist das Vermögen fristenkongruent finanziert?

Fristenkongruenz

        Bei der Eifrig GmbH ist Anlagevermögen von 600 TEUR vorhanden. Diesem stehen langfristige Finanzierungsmittel von 610 TEUR (330 + 280) gegenüber ➲ fristenkongruent.

    - o Werden genügend Gewinne erzielt, um die Zins- und Tilgungsleistung zu erbringen? Ist die Kapitaldienstfähigkeit (Cash-Flow) gegeben?

        Der Jahresüberschuss zzgl. Abschreibungen (Praktiker-Lösung für den Cash-Flow) beträgt 191 TEUR. Dieser Betrag reicht leicht aus, um das Vorhaben zu finanzieren.

    - o Wie ist die Entwicklung des Eigenkapitals und der Ertragssituation?

        Laut Jahresabschluss haben sich sowohl die Umsätze als auch die Erträge erhöht. Auch das Eigenkapital wurde durch Zuführung der Gewinne ausgeweitet ➲ positiver Trend.

- Treffen Sie Ihre Kreditentscheidung
- Problematik "Baseler Ausschuss" bzw. Rating:

- o Der „Basler Ausschuss" erlässt internationale Richtlinie für Kreditinstitute, die in nationales Recht umgesetzt werden. Diese Richtlinie macht die Eigenkapitalunterlegung der Banken für Kredite von der Bonität eines Kunden abhängig ➲ Rating. **Basel**

- o Rating ist ein statistisches Verfahren, das versucht, Kunden nach bestimmten Kriterien in Risikoklassen (Bonitätsklassen) einzuteilen. Hierbei werden neben den Finanzkennzahlen (quantitatives Rating) in aller Regel auch qualitative Faktoren wie z.B. das Management zur Klassifizierung bewertet. **Rating**

- Alternativ: steueroptimierte Finanzierungsform Leasing. Kauf und Bilanzierung der Maschine beim Leasinggeber (Operate Lease). Der Leasingnehmer (Eifrig GmbH) zahlt lediglich eine monatliche Leasingrate und gibt die Maschine am Ende der Laufzeit an den Leasinggeber zurück. Die Leasingraten können in der Regel komplett ertragsmindernd und damit steueroptimiert geltend gemacht werden. Details müssen aber in jedem Fall mit dem Steuerberater der Eifrig GmbH geklärt werden. **Leasing**

Verkäuferisches Verhalten:

- Sprechen Sie Herrn Eifrig persönlich mit seinem Namen an.

- Halten Sie Blickkontakt, nutzen Sie Gestik und Mimik.

- Fassen Sie am Ende der Informationsphase noch einmal die wichtigsten Kundenbedürfnisse zusammen.

- Bei der Ermittlung des Kreditbedarfes sollten Sie mit den Kunden zusammen eine Berechnung erstellen. Sprechen Sie unbedingt laut beim Rechnen.

- Erklären Sie auch hier die Form der Sicherheit bzw. des Darlehens an einem kleinen Beispiel grafisch oder rechnerisch.

- Bei der Durchsicht der Unterlagen sollten Sie die wichtigsten Punkte mit Herrn Eifrig besprechen. Wenn die wirtschaftliche Lage der Gesellschaft gut ist, was hier der Fall ist, sollten Sie Herrn Eifrig ein Kompliment aussprechen.

- Falls Sie über einen Prospekt zum Thema Rating verfügen sollten, so geben Sie Herrn Eifrig diesen mit. Ebenso verfahren Sie mit allen Aufzeichnungen und Beispielrechnungen.

- Für den Fall, dass Herr Eifrig am Leasing tiefergehendes Interesse hat, bieten Sie an, den Leasingexperten des Hauses hinzuzuziehen.

- Bieten Sie Herrn Eifrig an, auch in Zukunft gerne zur Verfügung zu stehen. Zeigen Sie vielleicht anhand einer kleinen Grafik auf, wobei Sie Herrn Eifrig unterstützen können (Auslandsgeschäft, Finanzierungen, Versicherungen, „Parkmöglichkeiten" für liquide Mittel).

- Bringen Sie zum Ausdruck, dass Sie sich freuen würden, auch den anderen Geschäftsführer der Eifrig GmbH kennen zu lernen.

- Wünschen Sie Herrn Eifrig viel Erfolg mit der neuen Maschine und für das laufende Geschäftsjahr. Verabschieden Sie sich freundlich und geben Sie Herrn Eifrig Ihre Visitenkarte mit.

Cross-Selling:

Vom Fall vorgegebenes Bedürfnis: Immobilie und Konsum

Cross-Selling-Potenzial:

- Erhöhung des Kontokorrentkredites

Vernetzbares Bedürfnis I: Geldverkehr

Cross-Selling-Potenzial:

- Kreditkarte Gold
- Auslandsgeschäfte
- Onlinebanking

Vernetzbares Bedürfnis II: Sparen und Anlegen

Cross-Selling-Potenzial:

- Festgelder, Termineinlagen

Vernetzbares Bedürfnis III: Steuern und staatl. Förderung

Cross-Selling-Potenzial:

- Betriebliche Altersvorsorge für die Mitarbeiter (hier gibt es in den Banken für gewöhnlich Spezialisten, eine Terminvereinbarung mit dem Spezialisten sollte in Ihrer Prüfung in der Regel genügen.)

Noch ein letzter Tipp:

Sollten Sie sich noch immer unsicher fühlen, so empfehle ich Ihnen, sich mit Ihren Klassenkameraden oder anderen Auszubildenden Ihres Institutes zum Üben zusammen zu setzten.

Einer von Ihnen schlüpft dabei in die Berater- und einer in die Kundenrolle (Prüfer). Nutzen Sie die Fälle in diesem Buch als Übungsmaterial zur intensiven Vorbereitung. Anregungen, welche Antworten der Kunde (Prüfer) Ihnen in der Informationsphase geben könnte, finden Sie auch in unserem Onlineservice unter *http://www.bm-consult.de*. Dort steht darüber hinaus auch ein Bewertungsbogen zur Verfügung, der Ihrem Trainingspartner hilft, Sie in dem Übungsgespräch zu beurteilen.

Nachdem Sie nun eine Vielzahl von Fällen geübt und jede Menge Tipps und Hinweise gelesen haben, kann eigentlich nichts mehr schief gehen. Die mündliche Prüfung kann kommen und ich bin sicher, Sie werden ein ausgezeichnetes Ergebnis erzielen.

Viel Glück!   *Ihr Achim Schütz*

Schlagwortverzeichnis

Druck:
Customized Business Services GmbH
im Auftrag der KNV-Gruppe
Ferdinand-Jühlke-Str. 7
99095 Erfurt